美國早期漫畫中的華人

The Coming Man:
19th Century American Perceptions of the Chinese

胡垣坤 ｜ 曾露凌 ｜ 譚雅倫 ── 合編

Philip P. Choy, Lorraine Dong, Marlon K. Hom ── Co-authors

目錄

獲悉《美國早期漫畫中的華人》再版的消息，我們不勝感慨。

非常感謝澳門大學榮休教授兼香港三聯特約編輯鄭德華博士鍥而不捨的支持和鼓勵。鄭博士是華僑史專家，是我們的摯友。在他的督促下，本書於一九九四年在香港發行了中文英文兩個版本。一九九五年又有美國華盛頓大學出版社的英文版，日本平凡社又出版了日文版，都暢銷售罄。書裏選載的政治漫畫也在其他跨國刊物及媒體被引用轉載。

George Santayana 曾說：不知道歷史會否覆轍以前的錯誤。中國也早有諺語：以史為鑒。

美國是移民立國；國民來自世界各地。不同種族文化融匯在這個國家。民族之間在磨合過程中產生種族與文化差異矛盾，出現強勢主流的民族歧視、針對、欺負、打壓弱勢少數民族的社會及政治現象。本書的內容是關於十九世紀美國解放黑奴內戰前後數十年的種族歧視矛盾為常態的社會裏，西岸弱勢少數民族的華人移民，被美國主流傳媒醜化的負面形象的時事漫畫。這些漫畫凸顯了美國媒體在當年排華時局所扮演的煽動排華民情的重要角色之同時，也扮演監督社會與政府的角色，刊載時事漫畫譏諷批評當時的排華活動是欠理性的愚昧行為。

這個當年排斥新移民的種族矛盾的美國國情，並沒有因為美國社會百多年歲月的改良和進步而消失。現在美國排斥弱勢新移民的歷史死灰復燃，用 "Make America Great Again"（重新打造偉大美國）的煽情政治口號來打壓少數民族，要重現美國社會白人主流的絕對擁有控政治利益與話事權。

今日美國社會排斥異族的對象不再是華人移民，而是專門針對來自中東與拉丁美洲地區國家的弱勢移民。受過種族歧視歷史教訓，現在被公認為美國 "少數民族模範"（Model Minority）的美國華人，曾經身受其害，不應該視而不見，只顧自掃門前雪，妄顧歷史教訓，只顧追尋自己安居樂業的白色美國夢。

本書編者之一胡垣坤前輩去年仙逝。胡老是在舊金山州立大學，也是全美國的大學首位正式開課講授美國華人歷史的老師。他在一九六九年創辦這個本科課程，至今從未中斷。我們與他有幸相識數十年，他與我們聯手研究美國華人歷史，亦師亦友。

僅以此版漫畫集呈獻給胡老作為紀念。

曾露凌　譚雅倫　二〇一八年初春三月舊金山

序

　　胡垣坤先生，自幼便對美國西部開發史興趣濃厚。三十多年來，對華人在西部的生活史跡的研究，更是樂而不疲。稍有工餘時間，即四周搜集收藏各種報章雜誌刊物所刊登有關美國華人的報導。這些傳媒內容，雖然大多數都是歪曲了華人的形象，但是足可反映當年美國華人的處境，更可作當年種族主義社會中華人所受的歧視遭遇的鐵證。

　　本集所選刊的圖畫，是胡垣坤先生歷年所收集的排華漫畫總量之一半。另外十三幀漫畫（即第 56、59、60、75、76、87、89、97、108、109、110、112、117 幅），是三藩市美國華人歷史學會所藏。獲該會慷慨借用刊出，謹此致謝。

　　本集蒙三藩市州立大學支持曾、譚兩人的研究工作；更獲香港三聯書店鄭德華博士及陸詠笑女士鼎力支持，才得順利完成，我等衷心致謝。

　　本書"導言"一章部分內容，曾發表於一九九三年十一月十二日至十四日，在三藩市州立大學舉行的《紀念〈排華法案〉撤銷五十週年研討會》，曾獲華人歷史學會各會董協助撰修內容，作為該研討會的旨意。本書撰寫過程中，各方好友，鼎力支持協助，有：曾博貫先生提供電腦技術；麥禮謙教授、馮灼倫教授、胡紹章律師和楊碧芳博士等諸位好友，慷慨審閱指導，提供寶貴意見；同僚鍾章宏先生，攝影素養甚深，自願為本書攝製漫畫，我們均衷心致謝。唯本書內容任何錯漏，均屬我們自己的責任。

　　胡垣坤夫人黃念慈女士，數十寒暑，陪伴胡先生各處搜購這些珍貴資料，不辭勞苦，毫無異議，功勞至鉅，特此致謝意。

編者

一九九四年五月

圖片目錄

導言

一、歷史背景

一百四十多年前，華人開始踏足美洲謀生、定居。這些"新客"所以出現在美國這一新興國家，其中有一個相當複雜的中美兩國經濟關係的背景。而美國在這個關係上，一直佔着優勢。

早在一七七六年美國獨立建國時，便一直計劃跟中國清政府建立貿易通商關係，以便向歐洲諸國看齊。其後，美國擴展疆土，版圖伸展至西岸。一八四九年吞併了墨西哥北部，建立了加利福尼亞省。之後，加省便立即成為美國向亞洲地區發展的樞紐及交通轉運站。

一八四四年，中國在鴉片戰爭結束後，便跟美國簽署了一個《望廈條約》，宣稱兩國之間友好，互惠通商。清廷是"國弱無外交"，無可奈何。美方則是趁機進入中國，傳教經商，其簽約目的不外乎在於建立美國在中國經濟利益的基礎。

一八四八年加省發現金礦，吸引了大量粵籍華人湧入美國西岸謀生。隨後，在美國資本家宣傳之下，數以萬計的華工，涉洋到美國，參與西部開墾，成為開發西部經濟建設的先鋒隊伍。他們參與各行各業的重要拓墾工作，除了礦工之外，在一八六〇年代，是興建美國的"越州鐵路"及電報線路西部一段的主要勞工；在加省及南部幾省，他們是拓墾耕地的主將，把沙漠及沼澤開發成為良田。到了一八七〇年代，華人投入城市輕工業行列，成為加省的製靴、製鞋、製雪茄煙及製衣等手工業的中堅分子。一八八〇年，美國華人人口，達十萬五千人眾，但不及美國人口總數萬分之二，就全國來說，影響力是極有限的。但在加省，華人人口佔加省人口約十分之一。因此，西岸白人勞工，在當年內戰後經濟蕭條的環境下，遷怒華工，一口咬定華工搶掉他們應有的職業飯碗。

各種懷有野心的團體，鼓吹排斥華人。當年在美國的華人，便成為了經濟不景氣下的勞工運動的代罪羔羊。在排斥氣氛之下，各地出現了一連串反對華人、排斥華人的暴行。而當年清朝政府軟弱無能，在一八八〇年，美國政府逼之簽署《天津條約》，允諾自動制止華人來美。此條約簽署之後，美國西岸政客看定清朝的外交懦弱，有機可乘，便在國會提出了本土排華的聯邦法案，排斥、禁止華人入境。在一八八二年，亞特爾總統在國會通過了《排華法案》，美國正式禁止華工入境。

其後，在一八八四至一九〇四這二十年，聯邦政府頒佈了一連串修正《排華法案》的法例，所有華人技工、勞工，完全被拒絕入境及排斥出境。到了一九二四年，新移民法例實施，禁止所有亞裔人種移民美國。

當然，《排華法案》仍然允許華人商賈、學者、學生、遊客及外交官員來美暫居。但是，此移民條例有效地終止了大部分華人自由移民美國的機會。再者，法案條例中，還有禁止若干類華人的妻小入境，否定華人歸化美國籍（公民權）權益的條款。故此，到一九二〇年，美國華人人口迅速下降，連本土（土生）華裔在內，人口減至六萬二千人，約為一八八〇年華人的半數。

一八八二年實施的《排華法案》，是美國首次以種族及階級為分類的歧視措施。自一八七〇年至一八九〇年，"華人問題"是內政議論的一個焦點。在當年歧視華人的氣氛裏，加上白人排外心態及"黃禍"恐懼症作祟下，華人成了美國內政勞資糾紛的犧牲品，被白人工黨組織指為資本家對抗工人團體的武器。華人的去留，是當年報章熱門討論報導的主題；當時報章的評論，政客論爭的"華人問題"，均未能超出白種優越主義的立場及鄙視黃種人為低賤民族的種族觀念。

一九四三年美國政府撤銷《排華法案》及其他附屬的修正法例，主要原因，是在亞洲戰場上，中美兩方是盟友，並肩作戰，向日本軍國主義侵略作反擊。再加上戰時的經濟政治因素，故此，在一九四三年十二月十七日，羅斯福總統簽署了撤銷《排華法案》的法案，作為代表中美關係友好的象徵。實施了六十一年的排斥華人入境的移民法例，也就壽終正寢了。

二、美國的政治漫畫

在美國報章雜誌裏，政治漫畫是不可缺乏的一種時事評論形式。最早出現的政評，是一七五四年五月七日出版，佛蘭克林主辦的《賓蘇維尼亞報》。其後，時事評論性質的圖畫、漫畫大行其道，到一八九〇年代，已是報章雜誌所不能缺少的一種報導形式。這些圖畫，內容亦莊亦諧，諷鄙兼之。多數是針對當時政治事件、人物，是當年大眾媒介時事評論的特色之一，至今不衰。

本書用的"新客"一辭，源自一八七〇年代由法蘭克・李斯利出版的《李斯利新聞畫報》所刊載的一個漫畫系列，以"新客"為主題，介紹華人來美及投入各行業的生活描繪。其後在排華氣氛影響下，更在漫畫裏"預測"華人落實定居所引起的影響。這一系列圖畫，非常形象地代表了當年一般人士對美國華人的各種看法與態度：始初，是好奇性質的描繪，華人形象並未被醜化。但是，當年美國人士對中國事物的見識膚淺無知，亦在畫作中有所反映。例如：漢字是莫名奇妙的塗鴉；華人婦女的髻式服飾，奇特誇張，不倫不類。到了後來，這種無知變本加厲，加上中美關係及內政種族糾紛緊張，華人形象被進一步醜化：長辮、哨牙、細眼，等等。

　　一八七〇至一九〇〇年代，是排華運動的高潮時代。華人也就成了報章雜誌的熱門漫畫主題，極受嘲弄。各種報章雜誌，用很多篇幅，大寫特寫有關華人的種種報導及評論。當然，畫筆下的華人，逃不出"藝術"處理，各種醜化造型，使華人成為不折不扣的，不可教化的"異教"人群。

　　我們這個漫畫集，選的一一六幀都是十九世紀後期有關美國華人的圖畫。一〇三幀選自胡垣坤先生數十年來所搜集精心珍藏的美國報章雜誌所刊載的華人漫畫；另外十三幀，是三藩市美國華人歷史學會所收藏。在選畫中，有四十四幀是彩色的。這些漫畫，足可為讀者提供一個較完整的輪廓或概念：在十九世紀後期美國華人生存的逆境。

　　我們所選的漫畫，大多數選自《李斯利新聞畫報》及《哈巴週刊》，也有來自地方刊物，如三藩市的《窩斯比畫報》及紐約的《栢克畫報》。芸芸作家中，多是當年頗負名氣的漫畫家，如凱勒爾、郎斯催夫、那斯地等人，其中那斯地氏，也就是創製美國民主黨與共和黨兩政黨的黨徽："騾子"（民主黨）及"大象"（共和黨）的作者。

　　這些刊物，當年的讀者，是有文化基礎的市區白人，甚少華人或其他少數民族，其影響力，也是在這些男性為主的白人社會。這些漫畫所構造的華人形象，自十九世紀後期以來，已是遺害至深的反面造型，成為美國社會種族關係的一個死結。百多年來，雖然時間、人物、事物均不斷轉變更替，唯是這個種族歧視的死結，至今仍未能徹底解開。

漫畫"新客"眾生相

Community Life

　　華人踏足美國，始初是被視作為域外奇異人物。他們集居的地方，俗稱之為"唐人街"或"小廣州"等等，象徵着他們與眾不同的生活文化和起居方式。一些大眾刊物，也就以此為題材，對這些異邦新客大書特寫；最初並不懷惡意，只是作獵奇性質的介紹。

　　《李斯利新聞畫報》自一八七〇年起，陸陸續續連載了一個"新客"畫輯，介紹在西岸生活的華人及其社區。每次刊登的圖畫，均附有相當詳細的介紹文字。當然，文字內容，脫離不了當年白種人自大高超的優越感，及對華人及其文化的一知半解：

　　<u>華人是孺子可教。他們勤奮、儉樸，雖不熱衷於官宦場中，卻能生活在不太過分受排斥的環境裏。他們仍能作為有理智、奉公守法的良民。就讓他們自己幹自己的吧！相信這樣他們會苦盡甘來，以自己古老文化作基礎，在這新時代、新世紀再生！</u>

　　這一章內的選畫是"新客"們的眾生相，包括四幀他們初臨美國上埠的圖畫，以及他們在西岸各地各行各業及起居生活的描繪。其中，也有數幀是他們應召到美東工廠及南部農場作耕的圖繪，反映了當年華人踏足的地方，已相當廣泛。

新客入境圖

三藩市太平洋郵輪公司碼頭華人登岸入境情景。

橫渡太平洋旅次

華人乘搭太平洋郵輪公司"亞拉斯加"號輪船赴美。

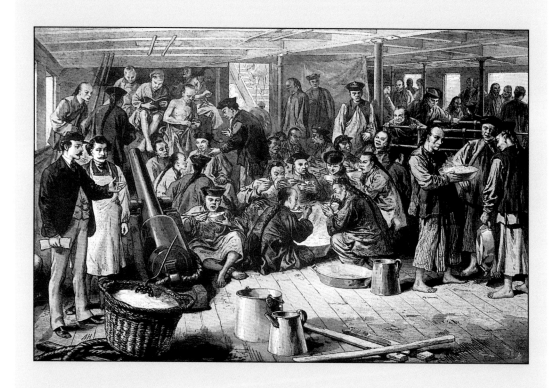

船上主日崇拜

美國傳教士在太平洋郵輪公司郵船上向華人乘客傳教。

華女抵埠！

一群剛抵埠的華籍女人乘馬車離開碼頭時被華籍男子包圍。

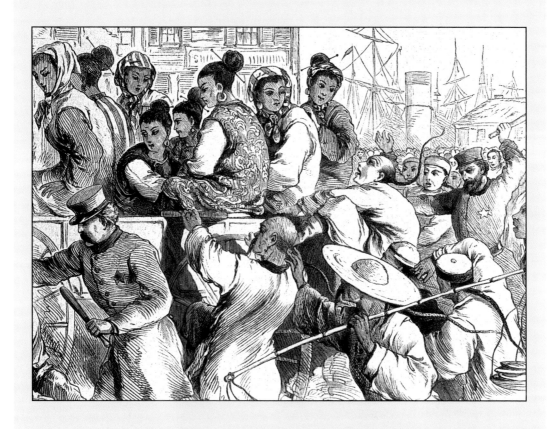

華人一族

內華達省維珍尼亞市華人生活形態一景。

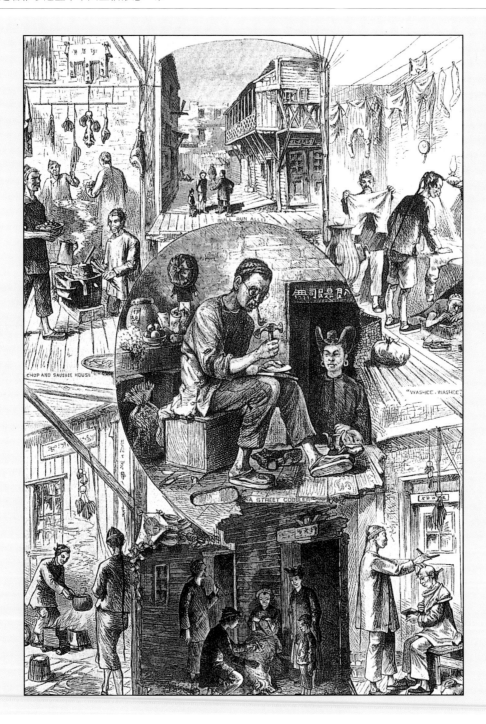

華人居宅

加省省府沙加緬度市華人住宅一角。

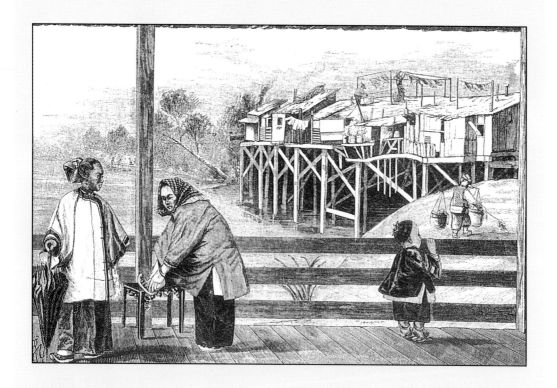

三藩市唐人街

根據一幅照片繪製成的石版畫，宣揚白人婦女與華人親善。

唐人街守禮拜

加省洛杉磯市之傳教士在華埠傳教唱詩。

新客社區

三藩市華人社區的晚景。

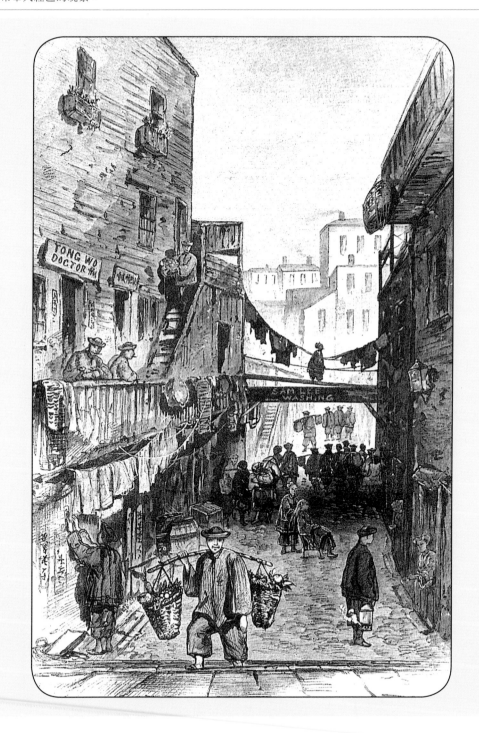

新客賀歲

三藩市華埠慶祝農曆春節之盛況。

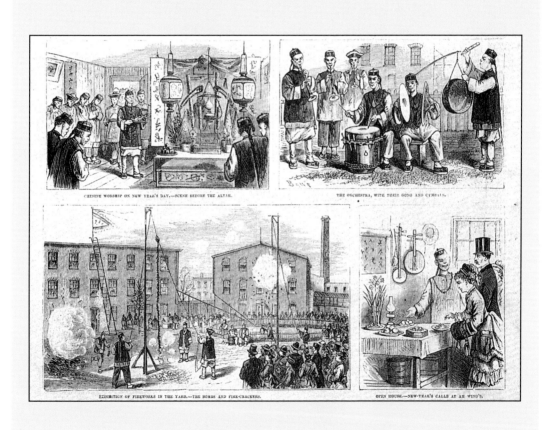

華人賀歲圖

新澤西省布爾威爾市華人社區慶祝農曆春節的各種活動。

CHINESE WORSHIP ON NEW YEAR'S DAY.—SCENE BEFORE THE ALTAR.

THE ORCHESTRA, WITH THEIR GONG AND CYMBALS.

EXHIBITION OF FIREWORKS IN THE YARD.—THE BOMBS AND FIRE-CRACKERS.

OPEN HOUSE.—NEW-YEAR'S CALLS AT AH WING'S.

華人結婚

紐約市華埠勿特街頭華人嫁娶花車經過時一景。

紐約市的"怪異劇院"

對紐約市的猶太人劇院（上）及華人劇院（下）的渲染描繪。

華人睇大戲

三藩市華埠一劇院內演出粵劇的場面。

（編者按：照粵劇俗例，樂師應在台上左方，不應在右方。圖中如京劇〔樂師在右方〕，則為當年華埠所鮮聞。）

出殯圖

三藩市獨山墳場（現為天主教辦的三藩市大學校址）華人在舉行葬禮。

新客燒香拜神圖

三藩市華人住宅走廊內住客拜神的形式。

上學

三藩市循道會主辦的學校華童上課情景。

學英文

紐約市華埠勿特街循道會辦的英語班。

華人辦學圖覽

容閎在康納的根省為中國學童設辦的學堂的介紹圖畫。

YUNG WING'S HOUSE.

MANDARIN YUNG WING.

STUDY AND DINING-ROOM.

IN THE SCHOOL-ROOM.

PARLOR.

THE COLLEGE.

西岸華人

西岸各階層、行業的華人造型。

新客開金舖

三藩市華埠華人金舖。

稱中藥

三藩市華埠藥材舖一景。

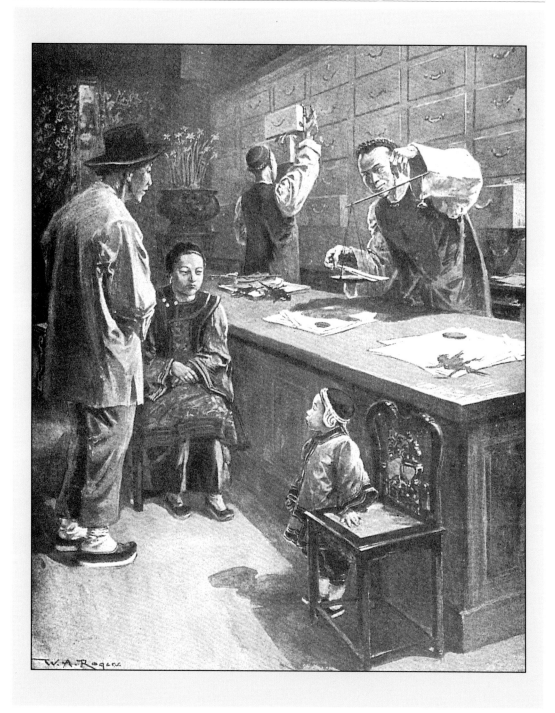

華商總會

三藩市中華商會大堂。

收故衣

三藩市華人收集舊衣裳和撿破爛的老人，原作附有一段英文，介紹"古怪"的華人謀生方式。

華籍礦工

淘金時代的華人礦工，是美國華人最早的形象。

華人在礦場

華籍漁民

三藩市海灣內華人捕魚的景象。

橫貫新大陸

華工參與越州鐵路修建工程，冬天在雪山上工作的情景。

廉價勞工

路易士安那省苗路頓甘蔗園內工作的華人農業工人（農工）。

種葡萄

加省各地葡萄園，均有華人農工。

釀製葡萄美酒

華人一直活躍在加省早期葡萄酒行業。

南加州一酒庫

華人主理的釀酒庫。

洗衣剃頭圖

"三藩市之寶"的帝苑大酒店,其洗衣房為華工所管理。另一圖為華人特有的剃頭"怪"景。

新客衣裳館

三藩市華人經營的洗衣館內的工作情形。

新客雪茄煙廠

三藩市華人經營的雪茄煙加工廠。

新客製鞋、製靴

華人應聘往麻省北亞當斯市森遜製鞋廠工作（頂替罷工運動的白人勞工）。

森遜公司製鞋工場一角

教華人如何使用打釘機。

漫畫中美邦交與華人

Sino-American Relations

　　自十九世紀中葉開始，歐洲諸國，逼使清政府簽署了無數不平等條約，搾取中國的資源及經濟利益。美國本身，亦希望能跟歐洲列強看齊，在中國分享這一杯羹。《哈巴週刊》在一八九九年直言不諱美國一直有此企望：

　　我們與那個真命天子的王國簽條約，純粹為利益而已。在"最優惠國"的條文規定下，我們在中國，可以享受的商業權益，與跟我們競爭利益的國家一致。

　　一八四八年中美簽署的《望廈條約》，早已宣稱中美兩國永恆和睦友好，互惠互助。在一八五八年，中美再簽署《天津條約》，重申《望廈條約》的主旨。當然，在美國來說，條約是打開中國國土大門的鎖匙，讓美國商人來華貿易，讓傳教士來傳播基督救世福音。美國只是單方面想打入中國，當時，並未有讓中國人進駐美國國土的打算。建國以來，移民背景，均以歐洲白人為主，非洲黑人，也只是白人販賣的奴隸，並非自己自由移民來美國。

　　鑑於內戰後重建，及西岸開發缺乏足夠勞工，美國在一八六八年再度與中方簽署條約，修改《天津條約》成為新的互惠條約，俗稱為《蒲安臣條約》。蒲氏本為美國傳教士，在華時獲清廷賞識，羅致為清廷外交的使者。當年的美國國務卿威廉·思華及另一傳教士兼翻譯員華爾斯，均為蒲氏好友，所以條約簽署順理成章。條約內容，強調清廷開放國門，撤銷不准百姓出洋謀生的禁令。這當然是利便當年美國資本家在華徵召勞工。

條約中，亦明文規定中方在美國商港設置領事，目的是方便中美貿易。況且，當時數以萬計的華工已在美國謀生，中方要負責任照應居美華人。就這樣，當年美國政府的立場，已認定華人不為美國社會成員之一。再者，在《蒲安臣條約》第六款亦明文規定：華人在美，不能因為有此互惠友好條約而享受歸化美籍的權利。

在美華工，當年是靠地方會館組織而互助照應，當然希望清廷派領事，照顧他們的權益。卒之，在一八七八年，清廷派陳蘭彬出使美國，更委任早在耶魯畢業的容閎為陳之副手。

《蒲安臣條約》簽訂之後，方便了華人來美謀生，華人漸多，加上後來經濟不景，引致白種人的不滿，咬定這些"新客"搶去他們的飯碗。排斥華人的情緒漸濃，排斥華人的行動擴展至各地區。聯邦政府，雖有條約為前提，有保障兩國國民的責任，但卻無法控制地方性質的排華浪潮。在這種國內排斥華人壓力下，向中方提出修正《蒲安臣條約》，禁止華工入境美國。雷特福總統委任密芝根大學校長為特使，來華展開談判。終於，在一八八〇年達成協議，中方承認美國政府可以管制、禁止或廢止華工入境美國或居留，但有責任保障在美華人的安居。這個一八八〇年簽署的《安節爾條約》，是美國排華政策的第一響炮。因為，《排華法案》實施後，美國還一直在歐洲徵召勞工；所以，目的是明顯在堵絕華人來美而已。其後幾年，中方屢次照會美國政府，譴責其違背條約中國民友好的諾言。故此，一八八〇年的條約再作修改。清使楊儒和美國國務卿貴格琛氏代表兩方談判新議。結果是所謂《貴格琛—楊氏條約》於一八九四年簽署，中方再作讓步，以"必須管制"為理由，宣佈十年內全面禁止華工入境（時《排華法案》已實施十二年矣）。而在這條約中，中方承認華工在美國社會構成了一種不良影響，中方須作自禁，制止華人前往美國。換得的美方諾言是撤銷一八八八年所頒佈的《史葛特法案》（此法案把所有華工所持的有效回美證作廢）。

在美國本土，《排華法案》實施後次年（一八八三年）九月十三日，國會通過議案，准許華人在美舉債超過一千元者，可回美工作補償債項；在美有物業價值千元以上者，亦可回美。所以，當《貴格琛—楊氏條約》簽署時，很多排華人士嘩然反對，主張應該徹底排華。

總之，中美兩國早幾十年的友好諾言是毀了。美國人在中國享有特權；但華人在美國則剛好相反。當時的報界，亦觀察到這個不平等現實而提出質疑：兩國既有友好條約，兩國人民在彼方應享受到同等待遇……云云（見圖45）。不過，在同一漫畫，亦指出了一個無可否認的現實：共和黨和民主黨蛇鼠一窩，都是反對華人移民美國；因為，後者是沒有選舉權的外人，對兩黨選舉拉票，毫無利益。

本輯最末四幀漫畫，點出了美國在外交和內政措施的矛盾，嘲諷透淋漓。圖48是美國有效地打破中國閉關自守的城牆，好讓美國國民前往中國；但在美國本土，來自歐洲的各族裔移民及其奴隸後裔，在歧視、自私種種不良風氣驅使下，卻又建築一道高牆，堵止華人進入美國。所以，當時參議員貝拉爾被委任為駐華大使時，政評漫畫諷之為胡鬧（圖49）。嘲弄夏理遜總統跟中國皇帝一樣荒謬；因為貝拉爾一直都是排華活動的主力；後來，清廷亦拒絕讓貝拉爾氏駐華。

圖50及51漫畫是對美方虛偽的宗教文化作諷刺。一是信奉了基督教的華人教友在籌款拯救一個腐敗、治安不良、種族歧視的美國社會。一是一位華人教友的直覺質疑：我若果可以進入你們的天國，為何我不可以在美國入境？

開門！

歐洲諸國已用槍炮外交闖進中國，美國資本家亦想加入此行列。

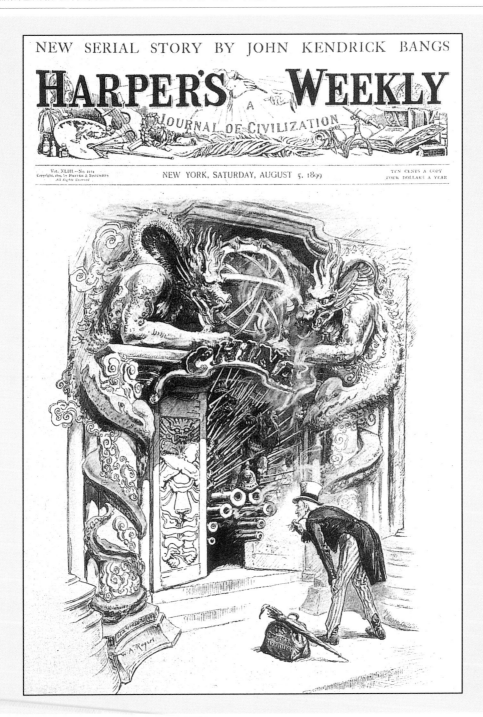

"公平交易！"

我只想做貿易生意，不是來侵略！

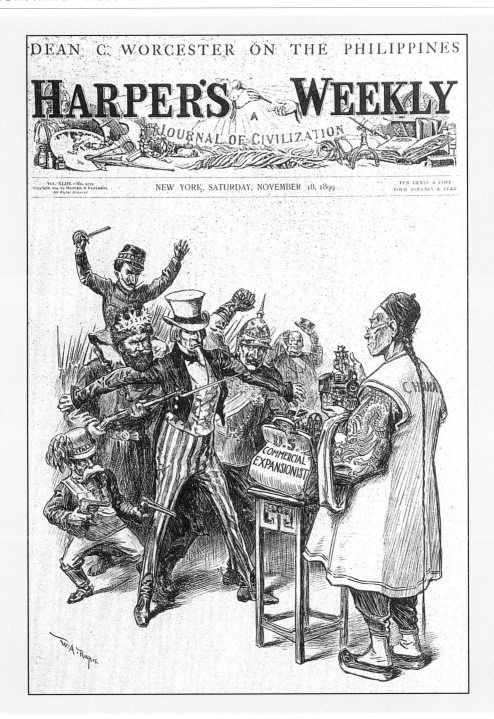

首先要清除大患！

美方要清朝消除義和團作亂之"害"。

蒲安臣與大清使節在紐約

這是首幅隆重介紹中美外交禮儀的圖畫。

陳蘭彬公使在三藩市

陳蘭彬出使美國，途經三藩市，受到華埠中華會館董商隆重歡迎。

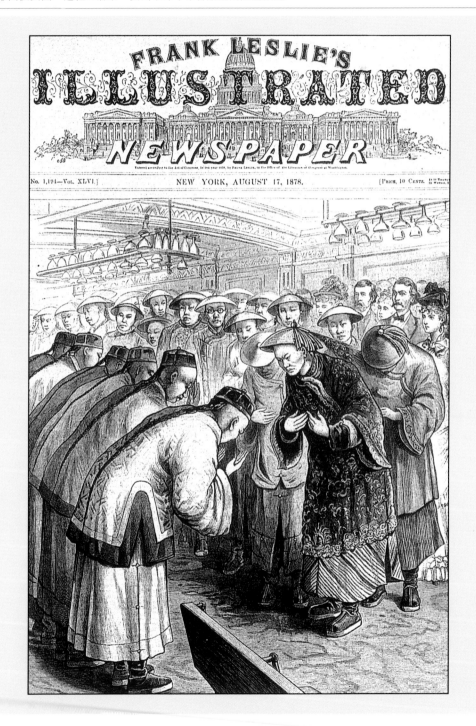

陳蘭彬公使在三藩市

不勝負荷！

兩黨合作排華

為了選票，共和黨民主黨均主張排斥沒有選舉權（公民權益）的華人。

華人要來！

道高一尺，魔高一丈！

由於華人想盡辦法，部分人在排華時代仍能入境。

拆他的牆，築自己的牆

政客所使用的，正是自己以前所鄙棄的。

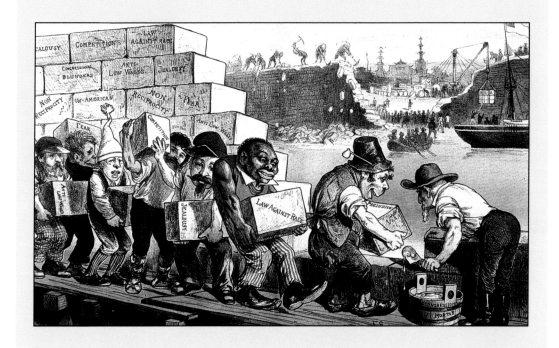

最適當人選？

嘲諷委任長篇大論主張排華的政客出使天朝（中國清朝）。

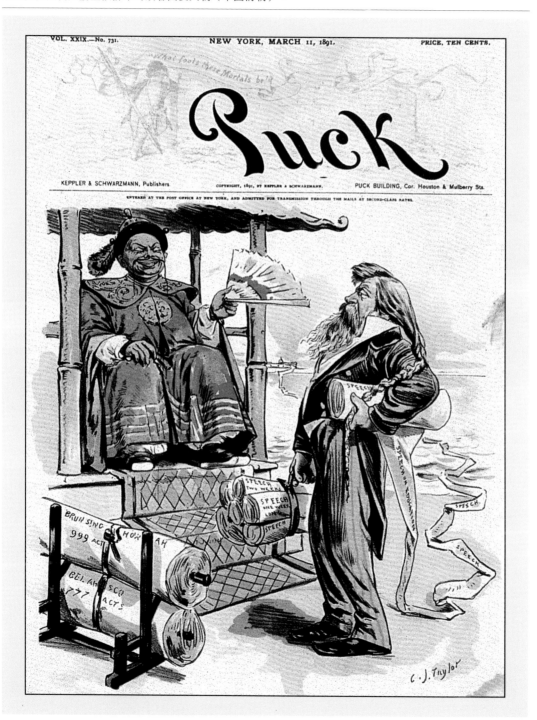

彼此彼此——這些異教華人對我們的看法又如何？

嘲諷美國排斥異類自鳴清高，其實自己跟異教徒一樣有野蠻的社會文化。

為什麼？

問：如果我可以進入你的天國，為什麼不能進入你的美國？

答：因為天國沒有白人工黨反對你們！

漫畫美國內政與華人

Domestic Politics

CHINA TOWN. S.F - STORE

　　這輯分四部分，都是關於當年美國本土時事而涉及美國華人的漫畫。

一⋯⋯勞資糾紛

　　自獨立建國後，美國本土一直在轉變，從殖民地時代的農業社會跨向工業社會。尤在內戰後，大規模工業生產企業更是蓬勃發展。鐵路、鋼鐵、木材、石油、紡織等工業，均出現資本家巨頭，壟斷市場，控制經濟生產與成長。而他們腳底下的勞工，則日以繼夜，在工資低廉，工作場地惡劣的環境下謀求糊口，受盡資本家剝削。況且當年的勞工，有很多是婦孺之輩，童工年僅十一二歲，受盡資方的不平等待遇。在這種環境下，促成了勞工組織起來與資方抗衡。為了改善待遇，爭取勞工利益，美國勞工運動萌芽，以罷工、糾察，甚至武力對抗，作為向資方抗衡的方式。當年勞資糾紛，是家常便飯。糾紛所引起的衝突，更是時事漫畫的主題。

資本家剝削勞工，壟斷市場及資源，都是無可否認的事實。在西岸及東岸，華工亦受其害。但在當年種族分隔的社會形態，白人工黨不接受華工，資本家亦趁此而僱用華工，打擊白人工黨的罷工行動。所以，白人工黨不與華工團結聯盟對抗資方，反而指責華工為美國勞工組織團結的絆腳石，主張排斥他們，驅逐他們。

當年的華工，除了參與建築越洲鐵路網西段工程外，亦投入很多城市輕手工業的生產隊伍中。在一八六九年五月一日，《紐約論壇報》曾指出：

華人已迅速地壟斷了很多輕手工業的生產工作；像縫紉、製造紙盒、包裝等等；他們亦受僱於修整鐵路、伐木、摘果、畜牧、火車頭火工、馬車漆工、傢俬技工、五金木匠、製鞋製靴、製衣、製造雪茄……等等。

華人是被視為無孔不入的妖工，以低工資頂替白人工人；成為一個令白人所憂慮的對象（圖54至56）。為了保障白人的利益，白人勞工呼籲白種人團結，各界人士抵制華人生產的貨品（圖57）。

事實是華人在美國沒有政治影響力（選舉權），在勞資糾紛中，華人首當其衝，成為被針對、被攻擊的對象。勞資兩方的怨恨，均發洩在華人身上。例如，在越洲鐵路一事中，西岸的鐵路四大亨被指控壟斷了西部的交通運輸市場；他們所築的鐵路，是靠賤價華工賣命而成；所以，華工是資本主義剝削者的走卒，資本家利用作為抵制白人勞工運動的"工賊"，是白人勞動階級的敵人。他們甚至恐懼終有一天，華人會奪取他們的勞工利益。所以，"華人問題"是當年的熱門時事評論焦點。三藩市的幽默刊物《窩斯比畫報》也開始刊載排斥華人的時事漫畫（圖61）。當年稍為替華工辯護的政客，也立即被認作是白人勞工的階級敵人。

排華組織，多在一八七〇年代產生，當年排斥華人最甚的工人黨，於一八七七年成立，首腦為愛爾蘭移民科尼氏。科尼言辭偏激。辱罵華人是低賤民族，來美國搶飯碗；更鼓吹用武力、暴力對付華人。其組織的排華口號是："華人滾蛋！"他是三藩市無數攻擊華人的暴行發起人、肇事首腦（圖64至66）。

"華人滾蛋！"這口號，在那年代響徹西岸各地。隨之，排華暴力行動，亦在各地陸續出現。

"天下太平，勞工團結共榮！"

當年一些勞工組織呼籲黑白勞工聯合對抗資本家及為其賣命的華工。

勞資平權，唯待客觀調停

下一代的前景可慮！

指責華人壟斷各行業工作，白人前景不樂觀，下一代遭遇令人擔憂。

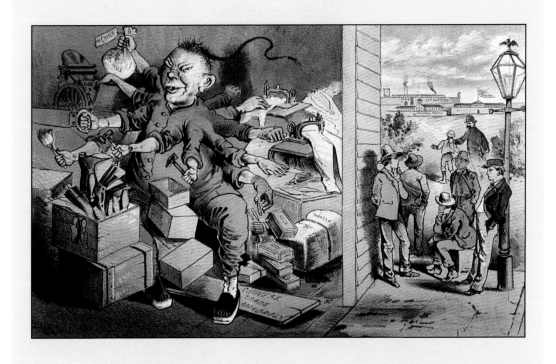

華人千隻手，只欠一個腦袋！

一幅挖苦華人的漫畫。

新客駕到！

原作附有一段英文，嘲罵華工壟斷各行業工作。

HEADQUARTERS

OF THE

Boot and Shoemakers' White Labor League,

SHOEMAKERS' HALL, 597 MISSION ST.

SAN FRANCISCO, CALIFORNIA.

TO THE MEMBERS OF THE FARMERS' ALLIANCE OF CALIFORNIA:

GREETING: We, the members of the Boot and Shoe Makers' White Labor League, beg leave to call your attention to the resolution passed by your State Executive Committee at their meeting held in San Francisco January 11, 1891, as follows:

"We hereby recommend an early conference with our State Business Manager in order to settle the preliminary steps necessary to be taken, and under his direction we will use all reasonable measures to aid in extending the work and influence of the Boot and Shoemakers' White Labor League of our State."

You will be aiding the White Shoemakers of our State by buying the goods made by them, and our White Labor League Stamp, impressed plainly on the bottom of every pair, is the only proof and guaranty of their being the production of white mechanics.

All Boots or Shoes bearing this Stamp are made of whole stock, without shoddy, and will wear better than any other sold at the same price.

Therefore, you will readily see that it will not only be CHEAPER for you to buy Boots and Shoes bearing the White Labor League Stamp, but you will at the same time be helping the White Shoemakers of this city and State to support themselves and families. The Stamp of the Boot and Shoe Makers' White Labor League (a fac simile of which appears at the head of this circular,) has been issued to twelve different manufacturers, who employ about 1000 men and 700 girls, representing a total of over 5000 people depending on this industry for their livelihood.

No manufacturer using this Stamp is permitted to employ Chinese in the making of Boots or Shoes, and for this reason our Stamp on a Boot or Shoe is the only positive proof that it was made by White Labor

Address all communications to

ALEXIS SULLIVAN,

General Secretary Boot and Shoemakers' White Labor League.

☞ **Please keep this for reference.**

昏君周圍，危機四伏

嘲諷聯邦政府被資本家所把持，又容許資本家的華奴存在。

要為民除害！

西岸鐵路四巨頭壟斷市場，皆因華工賣命築成鐵路所致！

笨驢何日發威？

嘲弄西岸政客被鐵路巨子把持，不聽從民意；而華人卻為虎作倀。

對"華人問題"的答覆：擊一拳！

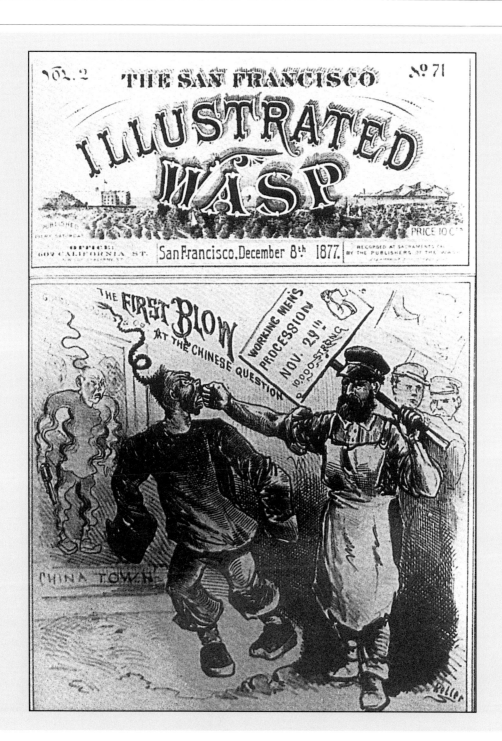

除"三害"

華人被指為"三害"之一。

政治本錢與利息

諷刺政客如何對待沒有選舉權力的華人。

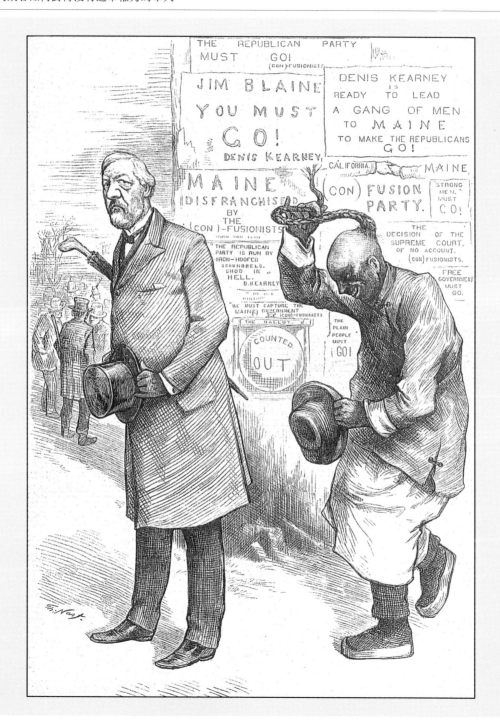

三月十五日的阿Q——不要讓他死，讓他活下去！

諷刺白人工黨，以死抵制華人的口號。

沙堆排華大會圖

三藩市白人工黨在沙堆區舉行排華大集會，其後演變成為襲擊華埠的暴亂。

全國都可看到的一顆新彗星

其含義為華人勞工將出現在美國每一角落。

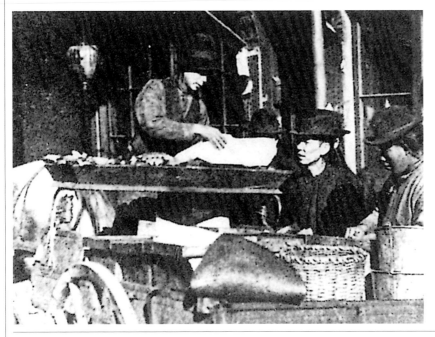

二……"黃禍"宣傳

在當年的報章雜誌，白人優越感非常明顯。圖67這幀剪辮子漫畫，就代表了白人這種民族優越心態：美國是一個先進文明社會，要清除中國腐敗無能的舊傳統。再者，一般漫畫及報章評論，都是抱有這種自大優越立場，充滿對華人的嘲辱、鄙視及攻擊。這些題材，挑撥讀者，煽動他們的反華情緒，更聲言"黃禍"將至，美國土地人民將被這不乾淨的"劣等民族"佔領。

"黃禍"宣傳主題分三類，都是些製造恐懼，仇視心態為主的東西：其一是攻擊華人文化卑賤及誇耀白人的優越；其二是挑撥煽動少數民族之間對華人的不滿，分解他們；其三是危言聳聽地預測華人不日會征服白人社會。

(一) ｜ 卑賤文化漫畫

有些白人一直自認只有他們才獲得天賦的權益（即所謂的"天命所歸"），只有他們才可以享用新大陸的豐富資源；認為只有他們的種族才是優生民族。其他種族的文化精神及體質，都比不上他們的。他們對華人的看法，也不例外。認為華人的文化卑鄙低賤，體質虛弱無能，道德腐敗，疾病滿身。例如：圖68是三藩市衛生局製造的瘟疫謠言，宣稱華人帶有疫菌，要把整個華埠燒為平地，趕走華人，消滅疫菌傳染（檀香山華埠，就遭此厄運）。其他社會的不良風氣及罪惡行為——嫖、賭、吸毒，甚至白人女子道德墮落，都歸咎是華人的不良影響。他們甚至引用"進化論"來嘲弄華人（圖74），指他們面貌形似猩猩；華人的進化，是跟猿猴差不多，最後的"進化"，是成為一頭豬（圖75）。

這些嘲弄，當然是配合了當時社會白種主義者的排華行動，主張把這些他們認為是似人非人，道德無常的醜陋華人趕走。

非剪不可！

指華人的古老陋習，一定要徹底清除。

三藩市華埠瘟疫圖

懸賞捉拿：三藩市華人罪惡分子

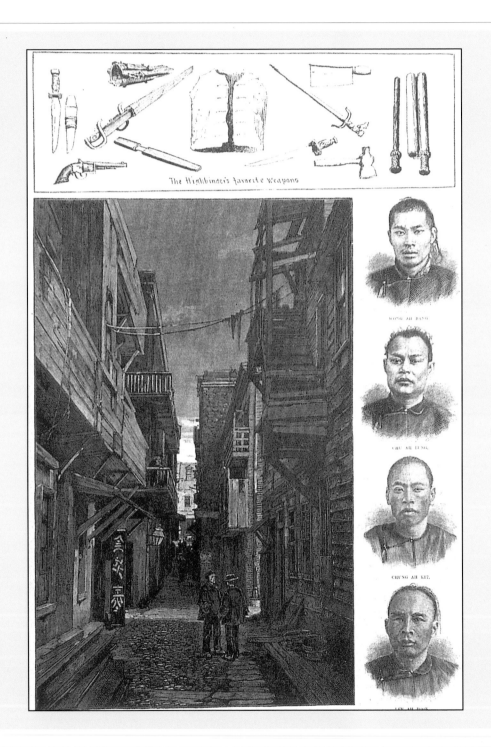

三藩市排華行動一覽

掃除華人賭檔、癲瘋病者，保障婦孺。

紐約市毒禍蔓延！

表示紐約毒禍泛濫，皆來自華埠皮爾街及勿特街的鴉片煙館。

三藩市華人煙館

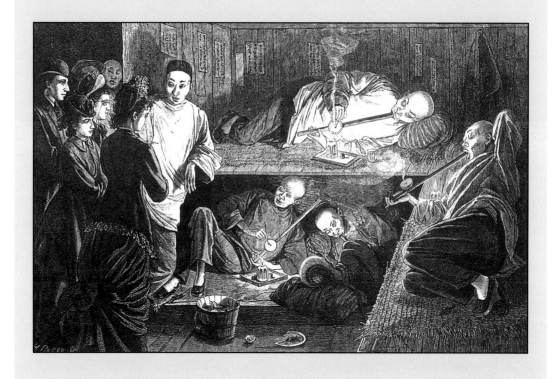

紐約市華人賭館

天朝仕女圖

"進化論"所揭示的華人與豬的演進

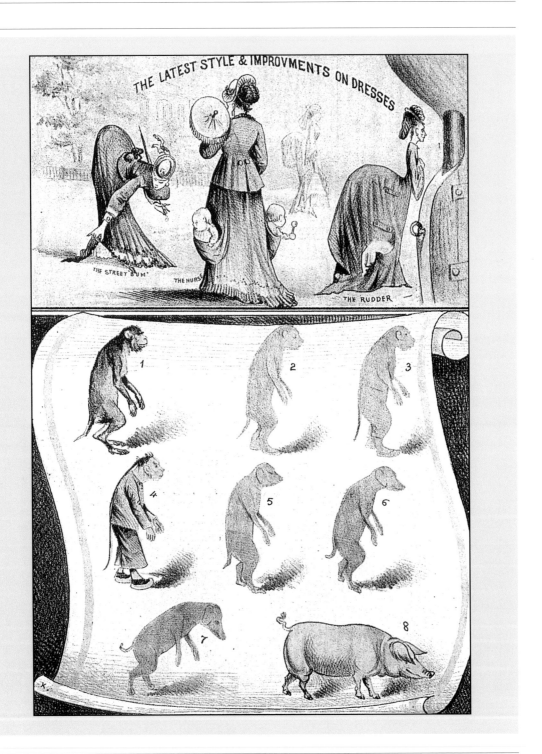

在當年存在種族歧視的美國社會，其社會形態是只有白種人才算是堂堂正正的"美國人"。故此，美國社會接納歐洲的白種移民，但排斥來自亞洲的黃種移民（華人）（圖 76 至 77）。總之，華人是不受歡迎的人種，他們的地位，跟非洲黑裔及本土印地安人一樣，被視之為人下人（圖 78），甚至被嘲諷連黑人也不如（圖 79），因為，有些黑人也有選舉權（公民權益）。

不過，有些漫畫家也曾在正義感的驅使下替華人辯護。例如著名漫畫家那斯地氏，就曾以黑人及華人的困境嘲諷美國種族歧視（圖 80）。南部白人要"黑佬滾蛋！"；西岸白人要"華人滾蛋！"他的另一幀圖畫（圖 81），引用了印地安土著的肺腑之言："白人害怕你們侵佔他們的利益；正如當年他們對待我們一樣！"那斯地氏更以美國自由女神（哥倫比亞小姐）為象徵，強調保護受屈辱者（華人），不受強徒欺侮（圖 82）。他另外又畫了一幀"感恩節晚餐"（圖 83），倡議美國各族裔人士應該濟濟一堂，共享新大陸的幸福。當然，這都是那斯地氏的理想王國，並不是現實的美國。

美國種族關係相當複雜，致使華人的處境十分尷尬。西岸愛爾蘭裔白人要趕走華人，指責華人搶去應該是屬於他們的勞力工作（圖 86）。而南部白人又要華人南下代替黑奴勞工（圖 84）；幹洗衣業的華人，被指責為搶掉黑人洗衣婦生意的外人。華人踏足東岸如紐約市，被指為是美國的中美外交政策所產生的不良效果。另一幀煽動性的諷刺漫畫，象徵美國民主精神的白種自由女神，履行中美友好條約，拋下救生圈拯救汪洋大海中的華人，讓他們登上新大陸，而陸地上的華人，卻又在集會，高呼"愛爾蘭人滾蛋！"一切種族問題、社會的種種不良現象、人際衝突，使華人成為首當其衝的代罪羔羊。

移民的旅程可憂！

華人另有打算！

雖然 "華人滾蛋" 的口號叫得響，但華人仍能在美國攢得錢財，衣錦榮歸故里。

就算是對待華人，也要公平！

為何顧此失彼？

諷刺聯邦政府，支持《蒲安臣條約》不肯排華，但卻仍歧視黑人。

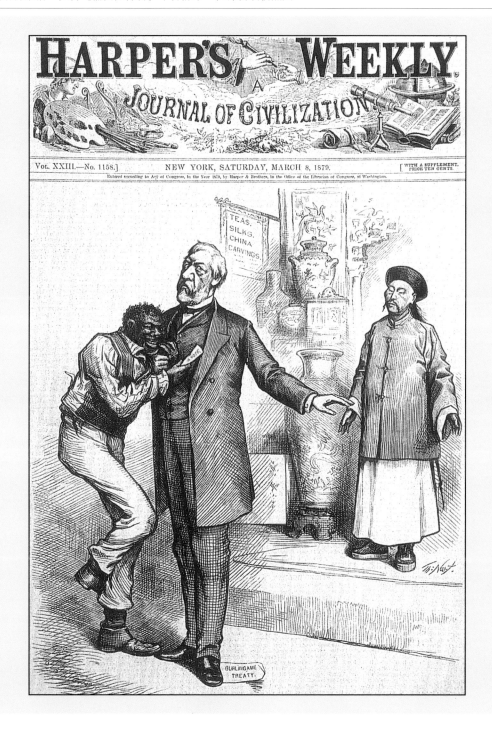

黑人滾蛋！華人滾蛋！

南部歧視黑人，西岸歧視華人。

總有一天輪到你！

美國種族歧視的社會現象，隨時代社會轉變而不時轉移目標，黑、紅、黃民族均會遇上。

不必動粗！在美國人人平等

山姆大叔的感恩節晚餐

呼籲美國各種族團結共榮。

如何處理華人？

西岸愛爾蘭人要驅逐華人，南部資本家卻又要利用華人的廉價勞動力。

兄弟之市，何來和諧？

賓省費城，乃譽稱為兄弟友愛之城，但自華人出現之後，也出現了利害衝突。

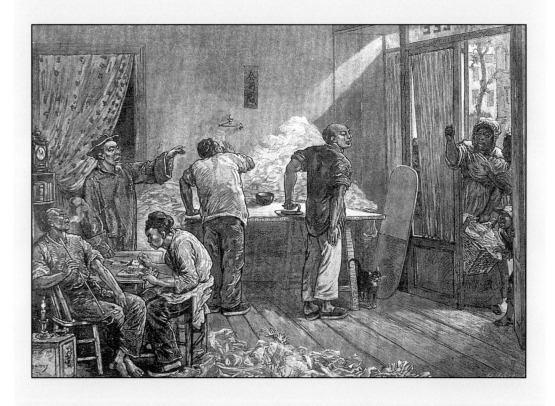

華人"侵略"美國後的結果

廉賤苦力勞工泛濫美國，效果可堪！這是排斥華人的白人主義者發出的"警鐘"。因為他們認為，苦力勞工將破壞美滿的美國白人家庭：父親失業自殺，兒子貧困成賊，女兒頹喪吸毒（圖87）。可畏的華人老虎，張牙舞爪，像華工搶奪他人飯碗一樣，美國在其淫威之下，將面臨毀滅（圖89）。

種族利益衝突的悲慘預言，也就是杜納爾氏在一八八〇年出版的，危言聳眾的《民國末日》的主題。他在書中預言：華人擊敗美國，征服其土地、人民後，當上加省省長；首府華盛頓，也是他們的天下（圖88及圖90至93）。有一幀以七月四日國慶遊行為題材的漫畫（圖94），更描繪出美國"華化"後的"怪現象"。這幀國慶遊行畫，地點是三藩市市中心的"市場街"及第二街街口，也就是三藩市人引以為榮的帝苑大酒店門前，一切都"華化"了：白人售賣華文報紙；白人是洗衣勞工；理髮店白人理髮匠剪修的是華人髮式；白人司機替華人乘客効勞，華人警察拘捕白人乞丐……華人白人的社會地位調換了！

再者，白種主義者預言，華人男子將會佔有白人婦女（圖95），而哥倫比亞小姐（美國自由女神）抱的是一個醜怪華人嬰孩（圖96）。紐約港口的自由神像，將會變成一個辮子尾巴，手持鴉片煙槍，充滿罪惡的醜陋華人（圖97）。

這些聳眾預言，在報章雜誌泛濫三十多年，無非都是說"黃禍"泛濫美國之日，也就是美國文明文化沒落，西岸地方政府失敗之時。所以，要防止末日來臨，就要解決"華人問題"。唯一途徑，也就是："華人滾蛋！"

苦力勞工泛濫，後果可慮！

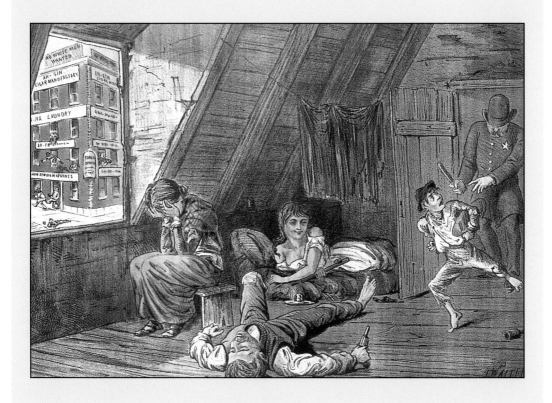

大敵將至，國難當前！

當心這隻華人老虎

圖文齊用，危言聳眾，主張排斥華人。

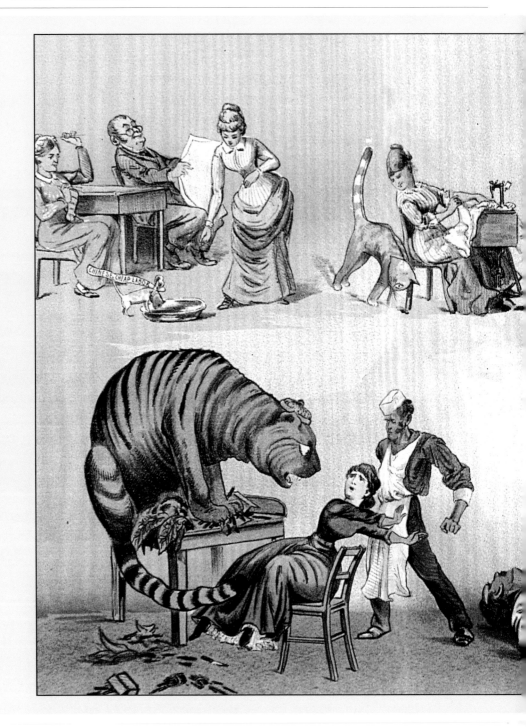

末日之始

種族大戰圖景

首都華盛頓的清朝高官

清朝駐加省的行政長官

將來慶祝七月四日國慶遊行的構思

鐵路築成後的現象

添丁圖

我們的港口神像

紐約正在籌建港口的自由女神像，象徵着美國自由移民的國策。三藩市華人泛濫，也來一個華人的塑像吧！

三⋯⋯排華暴行

在勞資糾紛加深的環境裏，危言聳眾的："黃禍"論調也更加激烈。參加各種排華集會的人群，散會後，就群情洶湧地前往華人社會肇事，殺人放火，無所不為。在一八八二年三月四日（《排華法案》實施前兩個月），三藩市舉行排華大會。加省省長宣佈該日為加省假日；民主黨及共和黨都全力支持該日集會（圖98），並宣稱，華工奪取白人勞工利益已達一觸即發的危險關頭（圖99）。西岸各地，一些群眾四出襲擊華人，在西海岸，從華盛頓地區（當年尚未成為省）至加省，各地大小城鎮，華人及其社區紛紛遭殃。他們被襲擊，遭驅逐。很多華人逃往華人聚居較集中的三藩市華埠避難（圖100）。

一八八〇年十月，哥羅拉度省的丹佛市，四千白人結集前往該市華埠，襲擊該區的四百華人，毀了華埠，殺死一名洗衣業的華人。該次暴行，華人損失五萬四千六百多美元（當年幣值）。駐美特使陳蘭彬向美國政府抗議交涉，要求賠償。國務卿艾華斯氏及希斯總統均表示對暴行感到憤怒和遺憾，但又狡辯美國憲法不容許聯邦政府干涉地方行政。陳氏力稱，依據中美友好條約，美方要負責華人在美的安全。但在一八八一年新上任的國務卿，仍然狡稱是憲法至上，丹佛市的國內事件，不能跟外交的條約扯上關係。

一八八五年九月懷奧明省石泉鎮發生屠殺華人事件。二十八名華人遇襲死亡，十五人受傷，數百華人被逐（圖102）。財物損失十四萬七千多美元。駐美特使鄭藻如向美國國務卿巴爺氏強

烈抗議，要求賠償華人損失（圖103至104）。巴爺亦以官樣文章辯稱聯邦政府不能干涉地方事件。但是，他向國會提議撥款賠償華人，作為調停中美邦交的措施。終於，在一八八七年二月廿四日，國會通過一項"賠償華人損失"議案，據華人所申報的損失款額共十四萬七千七百四十八元七角四分，照數撥款賠償。

石泉鎮暴行肇事後一個月，西雅圖市亦發生排華暴亂（圖105）。三名華人被白人打死，另外三名受傷；華埠遭暴徒燒毀。駐三藩市的歐陽明總領事，向華盛頓省長致電報抗議，要求保障華人安全。數日後，事態更趨嚴重，鄰近的塔高瑪市及飄拉邑鎮，均有排華暴行，華商被迫一日之內離境。省長史奎爾氏向聯邦政府求援，克利夫蘭總統立即下令聯邦軍隊入駐西雅圖及塔高瑪鎮壓。這次是聯邦政府首次為保障華人採取援助的行動。

《排華法案》實施後十年內，排華暴亂不時發生。早在一八八六年，三藩市就開始抱怨：由於各地排華行動，很多華人都奔向三藩市華埠，以策安全。這樣，三藩市成為收容華人的"垃圾場"。其實，排華暴亂，其結果之一是促成了美國華人聚居一起，守望相助。三藩市華埠，就是最明顯的例證。

勞工黨的山丘

嘲諷西岸排華鼠輩。把畫倒轉過來，卻成為醜化了的華人臉孔。

大禍將臨？

三藩市：我容納不了！

原作附有一段英文，說由於各地排華，令原已擠滿華人的三藩市不勝負荷。

科省丹華市排華暴行圖

懷省石泉鎮排華暴行圖

此圖原為一幀照片，用石版畫繪製。

石泉慘案的中美調查小組委員

此圖原為一幀照片，用石版畫繪製。

不予置評！

清使向美國政府抗議排華暴亂造成的生命財物損失，美方不予理會。

西雅圖市排華暴行

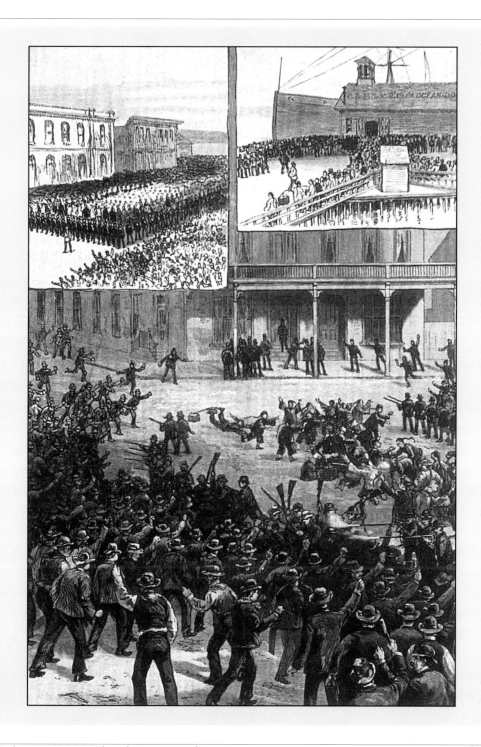

㈣……排華政治

一八八〇年中美簽訂的《天津條約》及一八八二年美國國會實施的《排華法案》終止了華人入境美國的自由。在《天津條約》談判中，美方施政治壓力逼使中方同意自願禁止華工前往美國；美方看準了清朝政府軟弱無能，所以，條約簽訂之後，國會參議員梅勒氏便立即提出列為："71號"的議案，主張禁止華工來美二十年（圖106）。希斯總統認為此舉違反中美友好條約所引的互惠關係而否決這議案。次年，新上任的總統嘉菲突逝；副總統亞特爾繼任。國會又舊議重提，亞特爾總統亦認為該議案約束性過分而否決之。國會再通過修正的議案，減為十年禁約。當時，亞特爾為了想下屆連任，為了選票，需各地勞工團體支持，他終於在一八八二年五月六日簽署法案，禁止華工入境美國。《排華法案》主旨，是華工入境危害美國境內某些地區的利益，故必須立法禁之。

十年之後（一八九二年），民主共和兩政黨，在國會仍是一致支持排華，陸續提出了十二個議案繼續排華。夏里遜總統在一八九二年五月五日簽署了來自加省的基利議員所提的議案，繼續排華十年。駐美特使崔國因強烈抗議，認為《基利法案》違背《天津條約》的宗旨。他的抗議，美國政府不加理會。

一九〇二年，三藩市的華人商賈促請伍廷芳特使向美國政府調停，阻止《排華法案》延續。伍廷芳向美方提出警告，如繼續排華，中方則採取抵制美貨行動。在一九〇二年四月二十九日，老羅斯福總統簽署新法案，繼續執行《排華法案》，而兩年後，即一九〇四年，更簽署另一法案，無限期延續實施排華移民法例。這項政策，在中國及在美國的華人均感憤怒，引出了一九〇五年五月份在中國沿海商埠抵制美貨的運動。

在當年美國排華政治圈子裏，任何一個與中國談判的官員，稍為替中方說句好話，都會被視為出賣國家利益，被同僚政客圍攻，受報章議罵。亞特爾總統第一回合時否決國會的排華議案時，時評漫畫便譏諷他被一個家中的中國妖怪所控制（圖108）；支持與中國互惠通商貿易的政客，也被諷刺，嘲弄他們是背後梳上了辮子，向中方叩頭，對中方卑恭屈膝的華化小丑人物（圖109至112）。有些甚至被辱罵是被"異教"華人佔了便宜的笨蛋（圖113）。

國。對於此舉，美國時評漫畫亦有批判（圖114至115）。

再者，華工在美若有妻小或欠他人債項達一千元以上者，離境後可以再返美國工作清償欠債。被移民局拒絕入境者，更可以循法律上訴程序，以人身保護令打官司。當年的聯邦巡迴法院梳耶法官，就被辱罵為濫職，受華人賄賂，擁有百萬財富，讓數以萬計的華人上訴獲勝入境加省。

排華政治的得失，圖117表達得很透徹。它就像一場棒球賽，是不同立場政客的一場內部鬥爭，排華分子雖然佔優，但在國內法治制度下，華人並未輸了出局。

一八六八年簽署中美互惠友好《蒲安臣條約》是完全失效了。但是各項排華法案實施幾十年，始終無法達成目的：完全禁止華人入境或驅逐他們離境。在諸般排斥他們的法律中，華人仍能找到合乎法律程序的條例，繼續入境定居。例如，排華法案實施初期，很多華人先前往加拿大，再用英屬居民的身份南下入境美

用力關上門！

中美簽訂新約，美國禁止華人入境。

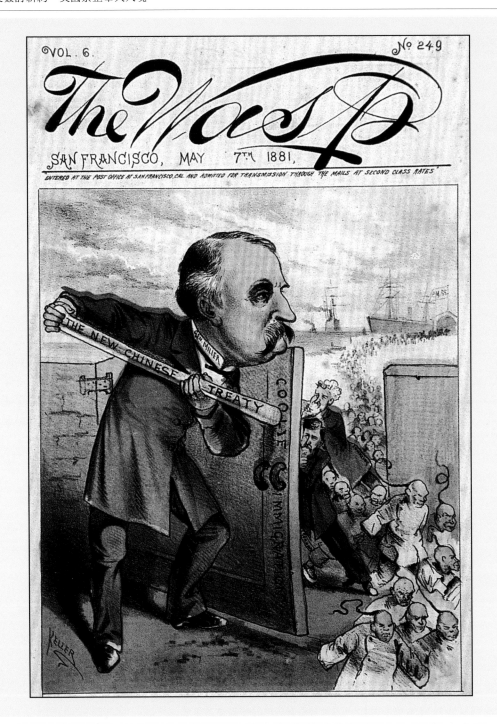

身不由己！

一些資本家不與政府合作排華。

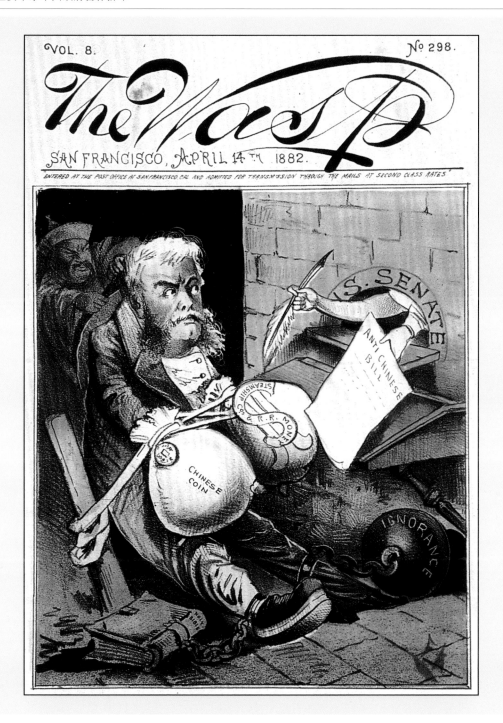

討小子歡心

政府與資本家勾結，不理會"黃禍"臨頭。

地方法治與外交政治

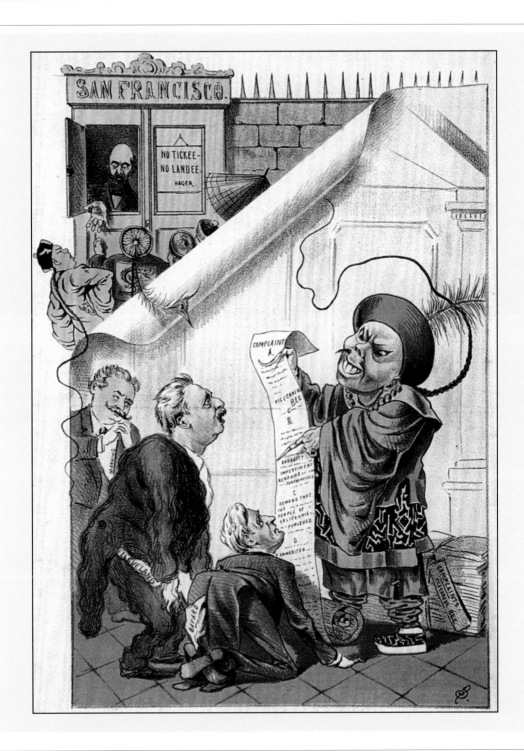

克利夫蘭總統奴隸行為的賞賜

嘲諷總統漠視民意，只顧履行中美條約。

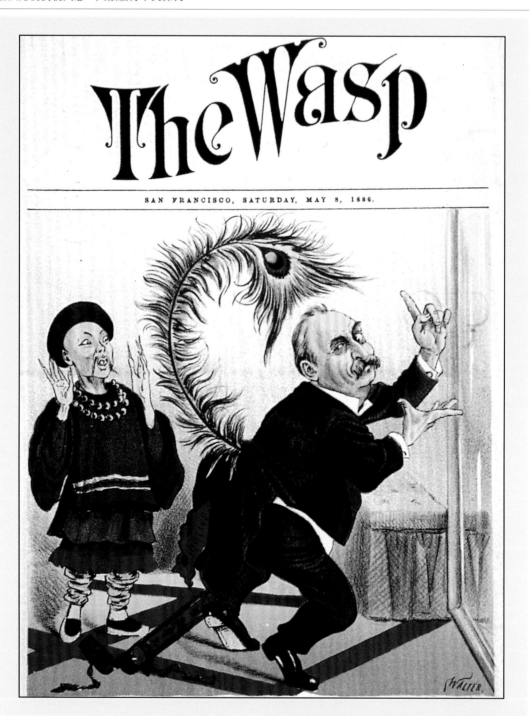

崇拜六千年古老文化的徒生

嘲諷主張維持中美外交貿易的政客，統統變成了華奴。

燃眉之急，當仁不讓

加省"黃禍"成災，急須及時撲滅。

華奴阿森

嘲弄國會議員森姆‧蘭度被華人迷惑。

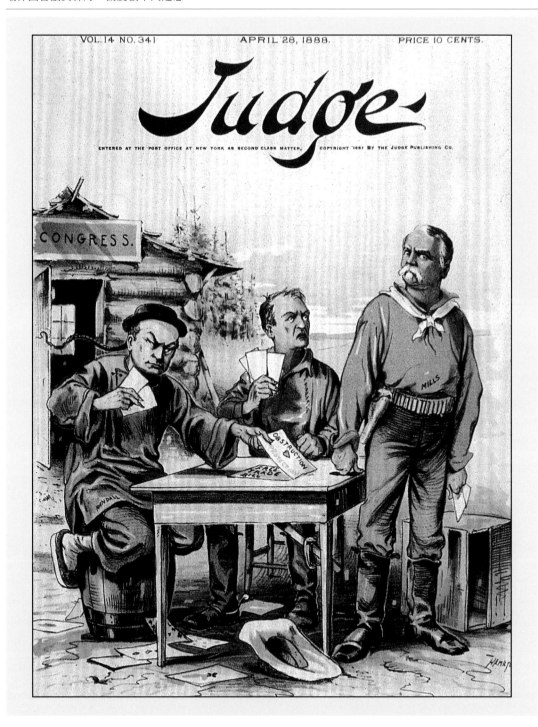

最後一班船

門未關妥

百萬之眾，滾滾而來

禁例被挫

尾聲：撤銷排華

從歷史角度評審《排華法案》，最顯著的結果是該法案是美國政府首次以種族為理由，禁止某一種族（華人）移民入境，更不允許該種族歸化入籍成為美國公民（享受公民權益），是一項不光彩的紀錄。這項措施，後來引出了一九二四年頒佈的新移民法案，全面禁止亞洲人移民美國，因而亞洲人不能歸化入籍美國，其根據是一七九〇年的歸化法例，只准許來自歐洲，自由身份的白人移民，才有歸化美籍的資格。所謂解放黑奴內戰結束後，修正了該法例，加上了允許自由身份的黑人有歸化權，實際沒有包括來自亞洲的華人。所以華人一直都沒有歸化美籍權益。到了一九二四年，就直接以此為理由，禁止所有亞洲人入境美國。

一九四一年十二月八日，美國因珍珠港遭空襲向日本宣戰。中美兩國，在太平洋區戰爭中成為戰友。關係改變成為盟邦。美國政治與社會傳媒對華人的看法也隨之作出轉變。華人不再是無惡不作的妖怪，也不是懦弱的東亞病夫，是敢於與美國攜手抗拒日本軍國主義的英雄。但是，在這盟友之間，仍存有《排華法案》。日本宣傳媒體便極力針對此矛盾，強調美國歧視亞洲人的事實，質疑中美的盟邦關係。有鑑於此，中方政府亦向美方表示《排華法案》是美國華人獲得平等地位的障礙。

無可否認，法案實施六十一年，美國華人人口銳減幾乎達半。加省尤甚，一八八〇年華人是加省人口的一成，到了一九四〇年，華人人口在加省只佔千分之五。太平洋戰爭期間，人手缺乏，再不似一八七〇年代，職業競爭，華人已不是搶白人飯碗的死對頭。華人已不是"黃禍"象徵；因為戰爭，這"黃禍"招牌已掛在日本人身上。

一九四三年二月起，國會議員開始陸續提出議案，撤銷《排華法案》。該年二月十七日，紐約省的肯尼迪眾議員最先提呈編號 1882 的議案，撤銷排華，並允許華人歸化入籍。經過半年多的討論，最後，在十月二十一日，眾議院通過了由華盛頓省麥尼遜眾議員提呈的相同議案；在十一月二十六日，參議員亦通過了眾議院通過的相等議案。小羅斯福總統，在該年十二月十七日簽名生效。宣佈撤銷所有排華法例，允許華人歸化美籍，並象徵性地給予華裔移民配額一〇五名。實施六十一年的《排華法案》，終於寢息。

實施了六十一年醜陋法例的另一歷史教訓，就是從此項政策中可以看到美國政府在外交和內政上的矛盾。美國一方面要在亞洲打開中國的大門，方便其資本家在中國貿易通商及傳教士的福音宣道。但在另一方面的內政，卻又對亞洲人不表示歡迎，關上國家大門，拒絕他們，不給予他們任何如歐洲移民的同等待遇。所以，這法案反映了美國當年的自私政策，只想在中國國土打主意，方便自己而已。

其三，就是一八六○年代初，美國本土經歷了一場慘酷的南北分裂戰爭。從主張解放黑奴一方而言，是一場正義之戰。國家分裂數載，但終於成功，使當年的種族平權運動來一個大躍進。但是，這內戰平息僅僅十五年，便又頒下種族不平等的《排華法案》。這等於說，是美國種族平權運動在內戰後又開了倒車。

其四，《排華法案》產生不良的國際影響。自從美國政府頒下此措施之後，鄰近國家相繼通過類似法律，排斥華人及其他亞洲人。加拿大、墨西哥，都先後以美國為例排華。

其五，撤銷《排華法案》並不是種族平等運動再度萌芽。因為通過撤銷排華那一年，美國總統小羅斯福不分青紅皂白，下令把居住在西岸的十二萬日裔，包括半數美籍公民在內，全部關進集中營，與世隔絕三載。政府把日裔在美國憲法所應有的保障，完全否認。由此可見，撤銷《排華法案》是為了戰事宣傳而改變對待華人的態度而已，並非是種族平等的自覺。

就是在今日，我們仍然可以看到美國社會及其政制被種族歧視意識所包圍。雖然在一九六○年代民權運動引出了種族稍為平等的新移民法例（一九六五年），法律上亦不容許種族歧視，但是在國內社會，仇視亞裔、外人的種族偏見情緒仍然熾烈。自八十年代起，國家經濟吹起淡風之際，失業人數增多，很多地方亞裔人又再首當其衝，被指為是搶飯碗的外人。真似是一八七○年代的排華言論，令稍為有此歷史認識的人都感到驚懍。我們編輯這本書，希望各界讀者溫故而知新，不要讓種族歧視的社會醜劇，再度重現！

《法蘭克・李斯利新聞畫報》於一八五五年創刊。發行人原名亨利・卡特（一八二一至一八八〇），出生於英國依索威治市，一八四八年移民美國，易名為法蘭克・李斯利，是美國以圖畫報導新聞的報業先鋒，首創圖畫報導南北戰爭（內戰）消息。他逝世後，其第二任妻子瑪琍庵女士接任發行該刊，但於一八八九年將該報轉售予《裁判畫報》的老闆約翰・史雷哲爾。史氏任其總編凡三十三年。內戰前，銷量為十六萬四千份，到了第一次世界大戰時，銷量達四十萬份。該畫報在一九二二年停刊。

《哈巴週刊》創刊於一八五七年，停刊於一九一六年，哈巴兄弟公司發行。先為幼弟法卓爾・哈巴創刊。內戰前，該刊立場是支持民主黨的政治路線，內戰後，轉向支持林肯的共和黨。一八六一年時，銷量為十二萬份；一八七二年增長至十六萬份。一八八四年，該刊立場又變，放棄支持共和黨總統候選人貝勒恩，轉而支持民主黨的克利夫蘭。一八九九年，哈巴兄弟將週刊出售，喬治・夏威收購之，並自任為主編。一九一三年轉售予麥科爾出版社。三年後停刊。《哈巴週刊》旗下有湯瑪士・那斯比、法德列克・雷明頓、馬挑・巴列地、溫斯勞・荷瑪等紅極一時的著名畫家。

《裁判畫報》創刊於一八八一年，一九三九年停刊，是紐約地區出版的幽默諷刺畫報。出版人是詹姆士・華爾斯。華氏原為《栢克畫報》的漫畫大師；但跟該報老闆不睦而另起爐灶出版《裁判畫報》，以諷刺政治的漫畫馳名。早期該刊物支持共和黨的政見。羅致該報旗下的漫畫家計有：法蘭克・巴爾特、格蘭特・咸美頓、李斯頓・霍金斯、E. W. 甘保、湯瑪士・霍活特等人。該畫報一直都是跟《栢克畫報》、《生活畫報》競爭。一八八〇年代，銷量為五萬份至八萬五千份；到了一九二〇年代，增至二十五萬。與《法蘭克・李斯利新聞畫報》合併後，新聞報導方式改變，以分類形式刊登新聞，不再是純粹漫畫為主。

《栢克畫報》創刊於一八七六年，一九一八年停刊。為維也納裔移民約瑟夫・克培拉氏（一八九四年逝世）所創。克氏任 H. C. 賓納為主編，沙士蔓為印刷者。《栢克畫報》以時事幽默諷刺為主。一八七六年，初以德文行刊於紐約，一八七七年刊英語版。刊物的封面、封底及中間插頁，均為彩色漫畫。主題大多數是關於美國內政，小部分是關於外交事務。一八八二年銷量為八萬份，十年後增至九萬。一九一七年銷路下跌，售予報業巨子赫爾斯特機構。次年停刊。

《窩斯比畫報》為三藩市戈布爾兄弟公司所創。一八七六年創刊，發行至一九二八年。戈氏兄弟從捷克移民至加省，初以製造雪茄煙盒為業，後以石版印刷煙盒標誌著名，隨而改業印刷，並出版《窩斯比畫報》，以諷刺社會及政治時事為主題。後來戈氏兄弟因畫刊虧本而轉售予查理斯・候活特。一八八一年至一八八六年，候氏聘 E. C. 瑪法蘭為發行人及著名西岸作家安寶洛斯・皮艾斯為主編，銷量聲譽大增。皮艾斯善於嬉笑漫罵，對當年地方政府腐敗、鐵路四巨頭壟斷市場、白人工黨的排華手段及華人移民等等，均以嘲諷。皮氏並倡社會改革。一八八五年至一九二八年，《窩斯比畫報》東主數度易手，最後被三藩市的《新聞訊報》機構收購，合併入該報，一九四一年四月二十五日停刊。

附錄 II / 美國華人歷史簡表

年份	簡述
1785	三位華裔水手隨巴也斯號船抵達美東波提摩爾港，為美國首次華人入境紀錄。
1815	今日的美國西岸加省，仍屬墨西哥國土。華人已在此地帶出入經商。
1818	清朝首派華童抵達美國求學。
1828	兩名華人在夏威夷經營蔗糖廠。
1844	美國與清朝簽署《望廈條約》。
1848	加省發現金礦。是年加省歸入美國版圖。根據1849年的紀錄，三藩市灣區有七百八十名華裔居民。
1850	美國本土移民局統計，1820年至1850年之間，入境華人共四十三名（不包括當年仍屬墨西哥的西岸加省）。據1850年三藩市的紀錄，該市華人人口膨脹達四千零一十八人，很多華人前往礦區謀生。 加省省法院不允許華人在加省法庭有關白人案件中作證人；1854年聯邦上訴法庭裁判華人不能在有關白人的案件中出庭作證（因為華人歸類為印地安人，沒有法律地位）。
1851- 1853	來自珠江三角洲的粵籍華人在三藩市成立他們的地方會館自助組織。這些地方會館，後來更合組成最高領導機構曰"中華會館"，在1880年起的排華事件中，領導華人社區對抗各種排華行動，保障華人利益。
1852	契約華工應徵前往夏威夷農場作農工。 是年，加省人口統計華人為二萬五千人；三藩市港口紀錄，有二萬華人入境。當年三藩市是美國主要進出港口，故華人俗稱之為"大埠"。 華人礦工，佔加省礦工總數三成。省政府向華人礦工徵收外僑礦工稅，從1854年起此項稅收專針對華籍礦工。其後二十年，該筆稅金為加省每年稅務收入的一半。
1855	容閎在耶魯大學畢業，為第一位在美國拿取大學學位的華人。 加省頒發教育法律，只准白人學童進入公立學堂，有色人種學童進入隔離的學校。
1858	中美簽《天津協約》，為修改《望廈條約》的外交協約。
1860	居美西岸華人除礦工之外，亦開始大量參與耕地開墾、耕種、捕魚、捕蝦，輕手工業加工如製靴、製鞋、製衣，及服務行業如洗衣、飲食等各行各業。 六十年代起，排斥華人的地方暴行在西岸大小城鎮不時發生。
1863	華工加入"越洲鐵路"的築路軌工作，開始為鐵路四巨頭之一的卡勒哥爾氏所羅致，故鐵路華工亦被稱"卡勒哥爾的寵兒"。數萬華工加入行列，促成了東西岸鐵路鋪路軌工作提早一年——1869年5月10日完成。其後，華人亦參與其他鐵路鋪軌工作：加拿大太平洋鐵路、北太平洋鐵路、南太平洋鐵路，南至德薩斯省，北達阿拉斯加的鐵路建築工程，均有華人參與。
1867	五千名在"越洲鐵路"鬮山鋪路的華工罷工，要求加薪及改善待遇，與白種工人平等；未果，罷工不及一月便復工。築路軌期間，華工翻山越嶺工作，死傷甚眾。據1870年報導，築路死亡隨工地安葬，而後執拾重葬的骸骨有二萬磅之巨。其中可資識的有一千二百具骸骨，運返中國家鄉安葬。
1868	中美簽署《蒲安臣條約》，勞工貿易互惠，引進大量華工加入建築鐵路網的工作。 第十四憲法修正案宣告所有本土出生的人士均為美國公民，但華人在1898年一場移民官司中才肯定受此憲法保護的權利。

年份	簡述
1870	加省衛道人士指控妓女泛濫各大小城鎮；省政府通過一項法例，禁止敗壞風氣的婦女進入加省；華人女子有證明為良家婦女才准入境。 美國因內戰後經濟不景，東岸經濟衰退，越洲鐵路通車後，失業白人勞工湧往西岸各省，頓呈勞工飽和狀態，供多於求。其時，西岸華工在各行各業頗有成就，尤在三藩市等城市，為輕手工業的主將，引致白人勞工妒忌，認為華人搶奪了他們的工作機會。西岸地方性質排華暴行，北自西雅圖，南至洛杉磯，不時出現。三藩市是排華活動的大本營；市政府亦在1870年開始頒佈一連串打擊華人的地方條例。
1872	加省頒佈法例禁止異族通婚。此禁令到了1948年，加省高等法院宣判為違反憲法；但是聯邦高等法院在1967年才宣判為違反憲法。
1875	聯邦政府採納源自加省議員提呈的《貝芝法例》，華人婦女要有良家婦女的證明才准入境，否則當妓女處理拒絕入境。
1877	加省的白人勞工組織工人黨發出排華口號："華人滾蛋！"主張排華為國策。加省政客上書聯邦政府鼓吹排華。
1878	清廷派陳蘭彬出使美國。
1879	加省通過第二加省憲法（修訂）。其中條文詆譭華人為"人下人"，並應排斥出境。加省各地市鎮均可排斥華人。
1880	華人在美國，僅是全國人口的萬分之二，根本不足構成任何威脅，排華口號，實是種族歧視，非經濟原因。 中美簽署的《天津條約》，中方讓步，容許美方管制及禁止華工入境。 粵籍客家進士黃遵憲，為駐三藩市總領事。他在任三年期間，革新中華會館的組織體制，並鼓勵聘請粵籍文人來美作社區領導人物，革新社區風氣。數個文社組織相繼成立。
1882	聯邦政府通過史無前例的種族歧視法例《排華法案》，禁止華工及其眷屬入境。外籍華人沒有資格歸化入籍成為公民。法案有效期為十年。三藩市唐山碼頭傍側設移民站查審入境華人，華人俗稱之為"碼頭木屋"。
1884	聯邦法院裁定美國土生華人有權居留在美國；除因犯罪受懲罰，不能被驅逐出境。
1885	三藩市華人上法庭控告教育局歧視華人學童，獲勝。但是校區設立"平等而隔離"式公立學校，專收亞裔學童，不允許華童與白童同校。此校後稱之為"遠東人公立學堂"。
1886	三藩市華人社區籌設華文學校，培植稚齡華童祖家文化，初名為"金山中西學堂"。1888年改制，曰"大清書院"，教習多為粵籍舉人、秀才，授《四書》、《五經》、諸子史集等傳統科舉文學。1908年改名為"大清僑民公立小學堂"，民國後更改為"中華學校"。
1888	聯邦政府頒佈《史葛法案》，二萬華工持有有效回美證明，返美時遭移民局引用此新訂法案拒絕其入境。
1890	據該年人口統計紀錄，華人已踏足美國各省及其他附屬地區。
1892	聯邦政府頒佈《嘉利法案》，把《排華法案》延續多十年，並勒令所有華人向政府報到註冊，領取身份證明書（俗稱"冊紙"）。移民官吏及警吏可隨時突擊搜查（俗稱"搜冊"或"查冊"），無證者作非法論，依法驅逐出境。華人嘩然，以中華會館為首，實行抵制註冊行動。首年甚為成功，次年華人漸趨領取冊紙，以策萬全，留居美國。
1894	中美外交商權簽署協議，中方實際認許美方排華。
1895	美籍華裔成立"金山土生會"，爭取華裔民權。1904年該組織改組，曰"同源會"。
1898	聯邦高等法院在一移民訟案中裁定土生華人是美國公民，其憲法權益不容侵犯。
1900	聯邦高等法院在一華人移民訟案中裁定華人商賈的妻眷有權入境，不受《排華法案》限制。

年份	簡述
1902	美國政府宣佈繼續實施《排華法案》。
1904	中美外交再度企圖談判保障僑民（美國的華人）問題失敗，未達成協議，宣佈無限期實施《排華法案》。
1905	中國沿海商埠發起抵制美貨運動，抗議美國排斥華人，抵制最激烈者是廣東人。
1906	三藩市發生大地震。市政府檔案被毀，很多外籍人士，包括華人，在白人律師協助下趁此機會"補領"到土生公民的身份證。 自此，華人開始利用"口供紙"，以冒籍（俗稱"假紙"）方式移民來美國，在實際上抵抗《排華法案》。
1910-1940	三藩市唐山碼頭傍側的移民站（木屋）停止使用，以堵塞華人逃走及關員貪污放人等事發生。遷移民站至灣內的天使島，自始至1930年，天使島為華人入境必經之地，華人仍沿用"木屋"作為移民站的俗稱。1940年大火燒毀行政樓而停止使用。三十年內，十七萬五千名華人曾受禁於此，候審入境或撥返原籍。
1913	加省通過《外僑土地法例》，禁止無籍權的亞洲人（華人、日本人）在加省購買土地或將以前購買的土地轉賣予外僑。其後西岸各省相繼實施類似法例排斥亞洲人。此法例實施至1940年才廢止。
1917	美國政府頒佈新移民法例（禁止亞洲移民）。移民年齡達十六歲者，須通過英語考試，主旨禁止非英語國家的亞洲人來美。華人的對應方式為以青少年為移民主體，避開英語試。
1918	聯邦巡迴法庭宣判美國華裔公民在外國出世的子女有權入境美國，享有公民權益。
1922	國會通過《基保爾法案》；女公民若與無公民權的外僑結婚，即喪失其公民權益。（土生華女與外籍華人通婚，她即喪失公民權。）
1924	政府頒佈新移民法案；以本土各族裔人口為比例作為各國移民配額，並禁止無歸化入籍美國的族裔入境。中、日、韓等亞洲國家均屬此類，均無移民配額。此法案並禁止所有亞裔婦女入境，華人社會男女不均現象更加明顯，俗稱之為"寡佬社會"（bachelor society）。
1927	聯邦高等法院判定：公民權益，可由父親傳予子女，但不可爺傳孫。即祖父為公民，外國出生兒子一定要到美國取得公民權，孫子才有資格引用其生父公民權益來美。
1941	12月7日，日本海軍偷襲珍珠港，美國向日本宣戰。美國加入太平洋亞洲區戰事；時中國已抗拒日本軍國侵略五年。
1942	1942年起，很多華人應徵入伍，在歐洲及亞洲戰場服役。亦有華裔美軍，在中國昆明、緬甸等地區作戰。 國會通過法案，服役國家軍隊外僑，有歸化為美籍公民的權益（服役乃效忠的證明）。
1943	為了堵塞日本挖苦宣傳美國排斥亞洲人（華人），美國於12月17日撤銷《排華法案》，並給予華人一〇五名移民配額，及允許在美外籍華人歸化美籍。
1947	修正了1946年《戰爭新娘案》，允許華裔退伍軍人妻子來美，不受移民配額所限。是年華人婦女入境數激增。兩三年內，超過六千華婦來美，華人社會，亦因而從所謂"寡佬社會"中蛻變為以小家庭為中心的社區。
1949	中華人民共和國成立，美國只承認退守台灣的中華民國政府。五千名中國留學生，因為中國政治變動而滯留在美國。
1950	韓戰爆發，中美在韓國戰場彼此敵對。麥卡錫時代清算共產分子的輿論和行動抬頭。華人被視為外圍共黨分子，美國對中國大陸禁運，華人與僑鄉家庭的直接連繫中斷。
1952	新頒佈的移民法例廢止了歧視在美的亞洲人歸化美籍的法例；但仍然只以小量配額允許亞洲人移民美國。

年份	簡述
1955	美國駐香港總領事杜禮向國會呈報，指控華人幾十年來一直欺騙移民局，以"假紙"（冒籍）方式冒認為外國出生公民權利移民美國；認為此方式包括了中國共產黨分子滲透在內，危害美國國家安全。 此報告擴展了對華人社區的調查騷擾，弄得社區各界人士雞犬不寧，人心惶惶。中華會館重金聘憲法律師與政府司法部對簿法庭，指調查行動違反憲法所保障的人身自由。是年，司法部與中華會館達成非官式協議；制訂"坦白"措施；允許非共黨人士"坦白"其假紙身份，更正後可留居美國。此措施實施至1969年才終止。很多華人，尤其已服兵役及有家小在華者，均趁此機會更正身份。但很多土生家庭，祖父輩"假紙"來美，沒有更正的必要而沒有參與改正其姓氏。
1959	夏威夷華裔鄺友良獲選為第一位參議員。 美國民權運動興起，先為南部黑人爭取平權。其後各少數民族相繼響應，引出了六十年代的民族自覺運動，爭取居住、就業、教育等平等待遇，亞裔亦在運動行列。
1962	香港出現難民潮（5月）；甘迺迪總統特准收容一萬五千名中國難民假釋入境。（自1949年以來，以難民身份來美的華人甚多。）
1965	國會通過新移民法案，取消族裔人口比例配額制度，以家庭團聚為移民主旨，分東半球（亞、非、拉丁美洲）、西半球（歐洲）兩地區，增加每一個半球國家移民配額，每年可達二萬名（東半球總額每年不得超過十七萬，西半球十二萬）。此新例取消了歧視亞裔的舊移民政策，自此，華人移民激增。
1968	三藩市省立大學（亦稱舊金山州立大學）學運開始。
1969	三藩市省立大學於秋季設立"族裔研究學院"，為美國大學所首創及唯一的少數民族研究學院級單位，有非裔研究系、亞裔研究系、拉丁美裔研究系及印地安人研究系。胡垣坤、麥禮謙為亞裔研究系的首屆講師，講授美國華人歷史課程數年。 三藩市的華人就業促進會成立，爭取華人社會權益，此組織後來更名為"華人權益促進會"。
1972	尼克遜總統訪問中國，中美兩國敵對關係緩和，開始所謂之"關係正常化"。1979年正式建立大使級邦交。
1974	三藩市華裔中學生控告該市教育局教育不當，聯邦高等法院裁定華裔得勝，勒令校區更新對新移民的教育方式，促成美國各地校區開始注重雙語教育，並輔導移民學童學習英語。
1979	中美邦交正式建立，自此，很多滯留在大陸的美國華裔家人可以直接移民美國團聚。
1982	美國經濟不景氣，汽車等工業產品滯銷，日本被指搶去市場。美人仇日心理甚重。底特市華裔工程師陳果仁被當作日本人，結婚前夕遭兩名汽車工廠失業白人工人襲擊死亡。兇手雖承認殺人，但白人法官同情他們失業處境，認為情有可原，只判罰款及保釋監守行為而不用坐牢。此案引起全美亞裔嘩然不滿；亦表示六十年代民權運動後，仇視亞裔情緒仍存在，亞裔社會地位仍待改善。
1989	在南加露蓮納省羅雷市，兩名白人把一華裔當作越南難民，認為美國軍人在越南戰場死亡不值，而將該華人殺害。
1990	美國國家人口調查報告，亞裔在全國人口比例是百分之三而已。 1989年北京天安門事件後，美國總統布殊頒發行政命令（Executive Order），容許中國留學生、訪問學人及其他在美國無居留權的中國籍人士留在美國，讓他們改變身份成為美國永久居民及日後可以"歸化"美籍。 美國聯邦政府通過修正移民法案，保留1965年法案的家庭團聚移民宗旨，調整每年新移民配額總數從五十一萬人增至六十三萬人；主要是大量增加專業技術移民的配額，從每年五萬人增至十五萬人。擁有大專高深教育的中國留學生，畢業後落籍美國的機會倍增。
1994	楊致遠（Jerry Yang）在舊金山灣區硅谷與好友創立Yahoo!互聯網資訊服務平台，公司業務發展迅速，遍佈世界各地，成為跨國互聯網服務網絡公司龍頭。楊幼年從台灣移民美國，為斯坦福大學電子工程碩士。

年份	簡述
1996	美國《時代》（TIME）週刊選出美國華人科學家何大一（David Ho）為該年"世界風雲人物"，表揚他在愛滋病毒研究的傑出成就。何是台灣出生的美籍華人。
1997	華盛頓省華裔駱家輝（Gary Locke）獲選為華盛頓省省長，是美國首位民選華裔省長。2001年再連任共八年。駱祖籍中國廣東台山水埗鎮，華盛頓省西雅圖市出生。 華裔科學家朱棣文（Steven Chu）獲諾貝爾物理學獎；當時為加省大學羅蘭斯實驗室（Lawrence Laboratory, University of California）主任。朱祖籍中國江蘇省，美國密蘇里州聖路易市出生。
1998	崔琦（Daniel C. Tsui）獲諾貝爾物理學獎；他是繼李政道（1957年）、楊振寧（1957年）、李遠哲（1986年）之後第四位美國移民華人獲諾貝爾物理學獎。
1999	在加省大學羅蘭斯實驗室參與國家機密武器科技發展研究的台灣移民美籍華人科學家李文和（Wen Ho Lee），被指控給中國北京政府提供機密科技資料。李被解聘及遭檢控五十九條罪。李承認在電腦儲存機密研究資料處理失誤一罪，否認洩露機密資料控罪。美國政府撤銷其他五十八條控罪。李文和花數年時間反控政府欠證據不適當起訴他，最後獲聯邦法院法官正式向他道歉。
2000	華人人口統計總數為二百四十三萬人，但僅是全國人口百分之零點九。半數華人聚居加省和紐約省。
2001	台灣移民美籍華人趙小蘭（Elaine Chao）獲新上任共和黨總統委任為聯邦政府勞工部部長，成為首位華人躋身美國總統僚幕部長級的華人。
2005	十多年來從中國福建省偷渡到美國的華人大多數聚居在美國紐約一帶地區，成為一群人數眾多的東岸基層華人移民人口，改變了當地以四邑華人為主的現象。
2006	美國華人人口統計數目為三百五十萬人，為美國人口總數的百分之一點二；佔美國亞裔人口百分之二十四點三。
2008	美國華裔科學家錢永健（Roger Tsien）獲諾貝爾化學獎；錢是繼丁肇中（1976年物理學獎）、朱棣文（1997年物理學獎）後第三位美國土生華裔獲得諾貝爾獎。
2009	美國聯邦政府首次出現兩位美國華人出任聯邦政府部長級職位：西雅圖華裔駱家輝獲新上任民主黨總統委任為聯邦政府商務部部長，舊金山灣區華裔科學家朱棣文獲新任民主黨總統委任為聯邦能源部部長。兩人都是美國土生華裔。 加省華裔趙美心（Judy Chu）獲選為聯邦國會眾議院議員，是首位躋身國會眾議院政壇的民選華裔女性議員，蟬聯在位至今。趙祖籍中國廣東新會古井鎮，加省洛杉磯市出生。
2010	華人人口十年內增達三百三十四萬人，還僅是全國人口總數之百分之一；佔美國亞裔人口的百分之二十五點九。美國本土出生華裔是華人人口的百分之二十九點四；境外出生移民佔百分之七十點六。超過半數華人住在加省和紐約省。
2011	在任商務部部長華裔駱家輝接受總統新任命，為美國駐中國大使，駱是首位美國大使級華裔官員代表。駐任中國北京期間，他解決了中美雙方的簽證延誤困難。其平代作風及數次回到祖籍家鄉台山水埗鎮祭祖獲得中國傳媒讚賞，但他關注當地嚴重空氣污染問題及處理異見分子陳光誠逃亡事件而遭受傳媒非議。 美國國會參議院通過動議，對1882年國會通過的《排華法案》向美國華人道歉。
2012	三藩市市參議會推選華裔李孟賢（Edwin Lee）為代理市長，隨後獲民選連任，為首位三藩市市民選華人市長；2017年底心臟病突發逝世。李是華盛頓省西雅圖出生華裔，祖籍廣東台山四九鎮。 國會眾議院趙美心議員提出動議，獲眾議院通過，對1882年眾議院通過的《排華法案》表示遺憾，向美國華人道歉。
2017	台灣移民美籍華人趙小蘭再度被新上任共和黨總統委任為聯邦政府交通部部長。 美國華人人口總數為四百八十八萬八千零四十人，為全國人口的百分之一點五。七成華人人口是境外出生移民；他們來自中國大陸（百分之五十九點五）、台灣（百分之十五點九）、東南亞國家（百分之十五點三）、香港（百分之九點四）。比較1980年統計，華人移民人口上升六倍。絕大多數華人密集居住在東西兩岸的紐約省和加省。

附錄 III / 美國華人人口統計表 (1860-2010)

（資料來源：歷屆美國人口普查）

年份	美國人口總數（人）	華人人口總數（人）
1860	31,443,321	34,933
1870	38,558,371	63,199
1880	50,155,783	105,465
1890	62,947,714	107,488
1900*	76,212,168	118,746
1910	92,228,531	94,414
1920	106,021,568	85,202
1930	123,202,660	102,159
1940	132,165,129	106,334
1950	151,325,798	150,005
1960	179,323,732	237,292
1970	203,211,926	436,062
1980	226,545,805	812,178
1990	248,709,873	1,645,472
2000	28,421,906	2,432,585
2010	308,745,538	3,347,229

* 包括夏威夷和阿拉斯加。減除夏威夷和阿拉斯加，1900 年美國人口總數為 75,994,575 人，華人人口總數為 89,863 人。

附錄 IV / 參考書目

中文著作

吳尚鷹編著：《美國華僑百年紀實，加拿大附》，香港：香港加羅印刷公司，一九五四年版。

劉伯驥著：《美國華僑史》，台北：黎明文化事業公司，一九七六年版。

劉伯驥著：《美國華僑史續編》，台北：黎明文化事業公司，一九八一年版。

劉伯驥著：《美國華僑逸史》，台北：黎明文化事業公司，一九八四年版。

呂浦、張振鵾合著：《黃禍論：歷史資料選輯》，北京：中國社會科學出版社，一九七九年版。

陳翰笙主編：《華工出國史料》第三輯（美國外交和國會文件選譯），北京：中華書局，一九八一年版。

楊國標、劉漢標、楊安堯合著：《美國華僑史》，廣州：廣東高等教育出版社，一九八九年版。

麥禮謙著：《從華僑到華人——二十世紀美國華人社會發展史》，香港：三聯書店（香港）有限公司，一九九二年版。

李定一著：《中美早期外交史——1784 至 1894 年》，台北：三民書局，一九七八年初版，一九八五年再版。

阿英編：《反美華工禁約文學集》，北京：中華書局，一九六二年版。

English Language Works

Arkush, R. David and Lee, Leo O., eds. *Land Without Ghosts, Chinese Impressions of America from the Mid-Nineteenth Century to the Present*. Berkeley, Los Angeles, and London: University of California Press, 1989.

Baldwin, S.L. *Must Chinese Go? An Examination of the Chinese Question*. New York: Press of H.B. Elkins, 1890.

Becker, Jules. *The Course of Exclusion, 1882-1924 San Francisco Newspaper Coverage of the Chinese and Japanese in the United States*. Lewiston, New York: The Edwin Mellen Press, 1991.

Chan, Sucheng, ed. *Entry Denied, Exclusion and the Chinese Community in America, 1882-1943*. Philadelphia: Temple University Press, 1991.

Char, Tin Yuke, ed. *The Sandalwood Mountains: Readings and Stories of the Early Chinese in Hawaii*. Honolulu: University Press of Hawaii, 1975.

Coolidge, Mary Elizabeth. *Chinese Immigration*. New York: Henry Holt and Company, 1909.

Cross, Ira B. *A History of the Labor Movement in California*. Berkeley: University of California Press, 1935.

Davis, Winfield J. *History of Political Conventions in California, 1849- 1892*. Sacramento, California State Library, 1893.

Dooner, P.W. *Last Days of the Republic*. San Francisco: Alta California Publishing House, 1880.

Foner, Philip S. *History of Labor Movement in the United States, From Colonial Times to the Founding of the American Federation of Labor. Vol. 1*. New York: International Publishers Co., Inc., 1975.

Hom, Marlon K. *Songs of Gold Mountain, Cantonese Rhymes from San Francisco Chinatown*. Berkeley, Los Angeles, and Oxford: University of California Press, 1987.

Johnson, Kenneth M. *The Sting of the Wasp, Political and Satirical Cartoons from the Truculent Early San Francisco Weekly*. San Francisco: The Book Club of California, 1967.

Kwong, Peter and Miscevic, Dusanka. *Chinese America: The Untold Story of America's Oldest New Community*. New York and London: The New Press, 2005.

LaFargue, Thomas E. *China's First Hundred, Educational Mission Students in the United States 1872-1881*. Pullman, Washington, D.C.: Washington State University Press, 1987.

Lai, Him Mark. *A History Reclaimed, An Annotated Bibliography of Chinese Language Materials on the Chinese of America*. Los Angeles: Asian American Studies Center, University of California, 1986.

Lee, Erika. *At America's Gates: Chinese Immigration during the Exclusion Era, 1882-1943*. Chapel Hill and London: University of North Carolina Press, 2003.

Lee, Erika and Yung, Judy. *Angel Island: Immigrant Gateway to America*. Oxford: Oxford University Press, 2010.

------ and Choy, Philip P. *Outlines, History of the Chinese in America*. San Francisco: Chinese-American Studies Planning Group, 1971.

------, Lim, Genny, and Yung, Judy. *Island: Poetry and History of Chinese Immigrants on Angel Island 1910-1940*. 2nd ed. Seattle and London: University of Washington Press, 2014.

Li Tien-Lu. *Congressional Policy of Chinese Immigration, or Legislation Relating to Chinese Immigration to the United States*. Nashville, Tennessee: Publishing House of the Methodist Episcopal Church, South, 1916.

Lo, Karl and Lai, Him Mark, comps. *Chinese Newspapers Published in North America, 1854-1975*. Washington, D.C.: Center for Chinese Research Materials, 1977.

Low, Victor. *The Unimpressible Race, A Century of Educational Struggle by the Chinese in San Francisco*. San Francisco: East / West Publishing Company, Inc., 1982.

McCunn, Ruthanne Lum. *Chinese American Portraits, Personal Histories 1828-1988*. San Francisco: Chronicle Books, 1988.

McKee, Delber L. *Chinese Exclusion Versus the Open Door Policy, 1900-1906, Clashes over China Policy in the Roosevelt Era*. Detroit, Michigan: Wayne State University Press, 1977.

Mears, Eliot Grinnell. *Resident Orientals on the American Pacific Coast: Their Legal and Economic Status*. Chicago: University of Chicago Press, 1928.

Miller, Stuart Creighton. *The Unwelcome Immigrant, The American Image of the Chinese, 1785-1882*. Berkeley, Los Angeles, and London: University of California Press, 1969.

Mott, Frank Luther. *A History of American Magazines. 5 vols*. Cambridge, Massachusetts: The Belknap Press of Harvard University Press, 1938-1968.

Riggs, Fred W. *Pressures on Congress, A Study of the Repeal of Chinese Exclusion*. New York: King's Crown Press, 1950.

Sandmeyer, Elmer C. *The Anti-Chinese Movement in California*. Urbana, Illinois: University of Illinois Press, 1939.

Saxton, Alexander. *The Indispensable Enemy, Labor and the Anti-Chinese Movement in California*. Berkeley, Los Angeles, and London: University of California Press, 1971.

Seward, George F. *Chinese Immigration in Its Social and Economical Aspects*. New York: Scribners, 1881.

Sung, Betty Lee. *Mountain of Gold, The Story of the Chinese in America*. New York: Macmillan, 1967.

Tsai, Shih-shan Henry. *China and the Overseas Chinese in the United States, 1868-1911*. Fayetteville, Arkansas: University of Arkansas Press, 1983.

Wu, Cheng-tsu, ed. *"Chink!" A Documentary History of Anti-Chinese Prejudice in America*. New York: The World Publishing Co., 1972.

Wu, William. *The Yellow Peril, Chinese Americans in American Fiction, 1850-1940*. Hamden, Connecticut: Archon Books, 1982.

Yung, Judy. *Chinese Women of America, A Pictorial History*. Seattle and London: University of Washington Press, 1986.

附錄 V / 中英辭彙對照表

二劃
人身保護令	Writ of Habeas Corpus

三劃
小羅斯福總統	President Franklin D. Roosevelt
山姆大叔	Uncle Sam
工人黨	Workingman's Party

四劃
中華會館	Chinese Consolidated Benevolent Association
內華達省	Nevada
勿特街	Mott Street
天命所歸	"Manifest Destiny"
太平洋郵輪公司	Pacific Mail Steamship Company
木屋	Muk-Uk (Wooden Barrack)
巴爺	Thomas Francis Bayard, Sr.

五劃
卡勒哥爾的寵兒	Crocker's Pets
史奎爾	Watson C. Squire
外僑土地法例	Alien Land Law
平等的隔離	Separate but Equal
民主黨	Democratic Party
甘迺迪總統	President John F. Kennedy

六劃
伍廷芳	Wu Tingfang
共和黨	Republican Party
同源會	Chinese American Citizens' Alliance
艾華斯	William M. Evarts
西雅圖市	Seattle

七劃
克利夫蘭總統	President Grover Cleveland
佛蘭克林	Benjamin Franklin
沙堆	Sand Lots
沙加緬度市	Sacramento
希斯總統	President Rutherford Hayes
李斯利新聞畫報	Frank Leslie's Illustrated Newspaper
杜納爾	P. W. Dooner
貝芝法例	Page Act (1875)
貝拉爾	Henry Blair
那斯地	Thomas Nast

八劃
亞特爾總統	President Chester A. Arthur
坦白措施	"Confession Program"
東亞病夫	Sick Man of Asia
肯尼迪議員	Rep. Martin J. Kennedy

九劃
南北戰爭	Civil War
哈巴週報	Harper's Weekly
帝苑大酒店	Palace Hotel
冒籍（假紙）	"Paper son"
洛杉磯市（羅省）	Los Angeles
科尼	Denis Kearney
感恩節	Thanksgiving Day
威廉思華	William Seward
珍珠港	Pearl Harbor
美國華人歷史學會	Chinese Historical Society of America

十劃
夏里遜總統	President Benjamin Harrison
哥倫比亞小姐（美國自由女神）	Miss Columbia
哥羅拉度省	Colorado
栢克畫報	Puck
華爾斯	S. Wells-Williams
紐約論壇報	New York Tribune
郎斯催夫	J. Langstruth

十一劃
假紙（冒籍）	"Paper son"
基保爾法案	Cable Act of 1922
基利法案	Geary Act of 1892
崔國因	Cui Guoyin
梳耶法官	Judge Sawyer
排華法案	Chinese Exclusion Act (1882)
望廈條約	Wang-Hea Treaty [aka Wang-Hia Treaty]
異教華人	Heathen Chinese
黃禍	"Yellow Peril"
麥卡錫時代	McCarthy Period
麥尼遜眾議員	Rep. Warren Magnuson
陳蘭彬	Chen Lanbin

十二劃
裁判畫報	Judge
凱勒爾	G. Frederick Keller
梅勒	John F. Miller
貴格琛	Walter Q. Gresham
越州鐵路	Trancontinental Railroad

十三劃
塔高瑪市	Tacoma, WA
楊儒	Yang Ru
蒲安臣條約	Burlingame Treaty
新客（新鄉里）	Coming Man

The Coming Man: 19th Century American Perceptions of the Chinese

書　　名	|	美國早期漫畫中的華人（第二版）
編　　者	|	胡垣坤　曾露凌　譚雅倫
特約編輯	|	鄭德華
責任編輯	|	張艷玲
書籍設計	|	曦成製本
校　　對	|	許正旺
排　　版	|	陳先英
出　　版	|	三聯書店（香港）有限公司 香港北角英皇道 499 號北角工業大廈 20 樓 Joint Publishing (H.K.) Co. Ltd. 20/F., North Point Industrial Building, 499 King's Road, North Point, Hong Kong
發　　行	|	香港聯合書刊物流有限公司 香港新界大埔汀麗路 36 號 3 字樓
印　　刷	|	中華商務彩色印刷有限公司 香港新界大埔汀麗路 36 號 14 字樓
版　　次	|	1994 年 9 月香港第一版第一次印刷 2018 年 10 月香港第二版第一次印刷
規　　格	|	16 開（170 x 240 mm）160 面
國際書號	|	ISBN 978-962-04-4247-6